HEYNE <

DAS NEUE GROSSE WEIGHT WATCHERS KOCHBUCH

Über 200 Rezepte und Tipps

WILHELM HEYNE VERLAG
MÜNCHEN

Umwelthinweis:
Dieses Buch wurde auf chlor- und säurefreiem Papier gedruckt

17. Auflage
Originalausgabe 9/2002

http://www.heyne.de
Printed in Germany 2004
Umschlaggestaltung: Eisele Grafik-Design, München
Umschlagbild: ZEFA/Sucre Sale
Innenfotos: The Food Professionals Köhnen GmbH, Sprockhövel
Satz: Gramma GmbH, Germering
Druck und Bindung: GGP Media GmbH, Pößneck

ISBN 3-453-17959-5

INHALT

EINFÜHRUNG

Abnehmen und Gewichthalten mit *Weight Watchers*

Willkommen bei Weight Watchers – Ihren Experten für Abnehmen und Gewichthalten

Es war die Amerikanerin Jean Nidetch, die 1963 *Weight Watchers* ins Leben rief. Sie hatte die Erfahrung gemacht, dass Diäten schwer durchzuhalten sind und oft nur mäßigen und kurzfristigen Erfolg bescheren. So war die Idee entstanden, sich mit gleichgesinnten Bekannten und Freunden zusammenzutun und sich beim Abnehmen gegenseitig zu unterstützen. Der Erfolg dieses Gruppen-Konzepts war durchschlagend.

Von Jean Nidetchs Wohnzimmer verbreitete sich die Idee von *Weight Watchers* in die ganze Welt. Seit 1963 haben mehr als 30 Millionen Mitglieder in über 30 000 Gruppen erfolgreich abgenommen. Heute ist *Weight Watchers* Ihr Experte in Sachen Gewichtsreduzierung und Gewichtserhaltung. Das Programm wird ständig auf den neuesten Stand der Ernährungsforschung gebracht, damit gewährleistet ist, dass Sie sicher und gesund abnehmen.

Die erste Stufe zum Erfolg – die wichtigen 10 Prozent

Langjährige Erfahrungen haben gezeigt, dass es besser ist, in mehreren Stufen abzunehmen. Das Ziel der ersten Stufe besteht darin, 10% des Körpergewichts zu verlieren, denn das kann medizinischen Forschungsergebnissen zufolge dafür sorgen, das Risiko für das Auftreten bestimmter Krankheiten zu senken. So kann diese Gewichtsreduktion u. a. zu einer Senkung des Blutdrucks und des Cholesterinspiegels führen und die Gelenke entlasten.

Das Erreichen des 10%-Ziels ist bereits ein großartiger Meilenstein auf dem Weg zu Ihrem Zielgewicht!

Das Zielgewicht erreichen

Der nächste Schritt führt Sie zum Zielgewicht, das mit Hilfe des Body Mass Index (BMI) errechnet wird. Der BMI wird von Ärzten zur gesundheitlichen Beurteilung des Körpergewichts herangezogen. Wenn Sie Ihr Zielgewicht erreicht haben, erhalten Sie bei *Weight Watchers* einen speziellen 6-Wochen-Plan, der Ihnen helfen soll, dieses Gewicht dauerhaft zu halten.

Nach Abschluss dieser Wochen werden Sie übrigens ein *Weight Watchers* Gold-Mitglied, das heißt, Sie können kostenlos die Gruppentreffen besuchen, solange Sie Ihr Zielgewicht um nicht mehr als 2 Kilo überschreiten.

Was passiert in den Weight Watchers Gruppen?

Die wöchentlichen Gruppentreffen sind der Schlüssel zum erfolgreichen Abnehmen und zur Gewichtserhaltung. Teilnehmer können jederzeit starten, denn die Gruppen sind »offene« Gruppen. Ein Treffen dauert ca. eine 3/4 Stunde. Eine von *Weight Watchers* ausgebildete Gruppenleiterin vermittelt im Dialog mit der Gruppe das nötige Wissen und die Techniken, mit denen man erfolgreich abnimmt. In den Gruppen erhalten die Teilnehmer außerdem weiterführende Broschüren, Rezepte und Ernährungstipps.

Das Fernprogramm: Bequem abnehmen von zu Hause

Wenn Ihr Terminkalender aus allen Nähten platzt und Sie nicht wissen, wo Sie die Zeit für die Gruppentreffen hernehmen sollen – warum nicht einfach von zu Hause aus abnehmen? Das Zuhause-Paket versorgt Sie mit dem gesamten Material. Und Ihre Fragen werden von Ernährungsberaterinnen per Telefon beantwortet.

Points Plus: Das neue Ernährungsprogramm

Points, Points, Points

Den Rezepten dieses Buches liegt das neueste und erfolgreichste *Weight Watchers* Programm zugrunde: *Points Plus.* Bei diesem System wird allem, was Sie essen und trinken, eine gewisse Points-Zahl zugeordnet, die sich aus dem Kalorien- und Fettgehalt eines Lebensmittels errechnet. Hier ein paar Beispiele:

Für die meisten Früchte und Gemüse müssen Sie sich gar keine Points anrechnen, eine unbegrenzte Menge an Kartoffeln pro Mahlzeit zählt lediglich 2 Points, ein Rosinenbrötchen oder eine Scheibe Brot haben 2 Points, ein Hamburger dagegen 5 Points.

Je nach Körpergewicht und Geschlecht, also entsprechend Ihrem Grundumsatz, steht Ihnen täglich eine gewisse Anzahl von Points zur Verfügung. Wenn Sie also z. B. eine Frau sind und 80 kg wiegen, haben Sie 20 Points pro Tag zur Verfügung.

Zu welcher Tageszeit und in welcher Form Sie die Points zu sich nehmen, entscheiden Sie selbst. Flexibel wie nie, ohne Abwiegen und Abmessen, passt sich *Points Plus* Ihren Lebensumständen an.

Extrapoints sammeln durch Bewegung

Bewegung beschleunigt das Abnehmen, strafft die Haut und macht fit.

Außerdem können Sie durch Bewegung zusätzliche Points sammeln. Dazu müssen Sie nicht täglich stundenlang im Fitnessstudio schwitzen. Es reichen schon 15 Minuten Gartenarbeit, Staubsaugen, schnelles Gehen, Heimwerken oder Spielen mit Kindern aus.

Tätigkeit	15 Minuten	30 Minuten
Aerobic	1,5	3
Badminton	1,5	3
Gartenarbeit	1	2
Gymnastik	1	2
Hausarbeit (Putzen)	0,5	1
Joggen	2	4
Rad fahren (langsam)	1	2
Schwimmen	2	4
Spazieren gehen	1	2
Walking (schnelles Gehen)	2	4

Die Energie, die Sie dadurch verbrauchen, können Sie sich als Bonus-Points gutschreiben und zusätzlich zu sich nehmen, z. B. wenn Sie eingeladen sind oder einer Süßigkeit nicht widerstehen können.

Vor dem Beginn eines intensiven Bewegungstrainings ist es allerdings ratsam, einen Arzt um Rat zu fragen.

Gesund abnehmen durch gesunde Ernährung

Das wichtigste Anliegen von *Weight Watchers* ist es, dass Sie auf gesunde Weise abnehmen. Wenn Sie nach den Rezepten in diesem Buch kochen, werden Sie automatisch weniger Kalorien und Fett zu sich nehmen. Wenn Sie sich außerdem noch an folgende generelle Leitlinien halten, können Sie sicher sein, dass Sie sich gesund und ausgewogen ernähren.

Die Abwechslung macht's!

Auch beim Abnehmen ist es wichtig, dass Sie alle lebenswichtigen Nährstoffe zu sich nehmen. Indem Sie sich abwechslungsreich ernähren, bekommt Ihr Körper die Vitamine und Mineralstoffe, die er braucht.

Kalzium für kräftige Knochen

Kalzium ist mengenmäßig der wichtigste Mineralstoff im Körper. Es ist der Baustein für Zähne und Knochen und kräftigt sie auch noch, wenn man nicht mehr wächst. Kalziummangel kann zu Knochenentkalkung (med. Osteoporose) führen. Kalzium hilft auch bei der Blutgerinnung sowie der Muskelkontraktion und ist gut für die Nerven.
Milchprodukte, besonders Milch und Joghurt, ebenso bestimmte Käsesorten (Emmentaler, Bergkäse, Parmesan), sind sehr kalziumreich. Aber auch andere Lebensmittel wie zum Beispiel Broccoli, Grünkohl oder manche Mineralwasser enthalten Kalzium.

Fünfmal Obst und Gemüse

Obst und Gemüse sind so gut wie fettfrei und enthalten Vitamine, Mineral- und Ballaststoffe – letztere kurbeln die Verdauung an und helfen so beim Abnehmen. Experten in aller Welt empfehlen deshalb fünf Portionen Obst und/oder Gemüse pro Tag. Essen Sie insgesamt täglich mindestens 300 g Gemüse und 200 g Obst. Variieren Sie die Sorten, das stellt die Versorgung mit allen wichtigen Nährstoffen sicher. Und wenn mal wenig Zeit ist, trinken Sie Obst- oder Gemüsesaft.

In Maßen erlaubt: Alkohol und Süßigkeiten

Gönnen Sie sich dann und wann mal ein Glas Wein oder süße Leckereien, bevor Sie der Heißhunger überwältigt. Aber denken Sie daran: Alkohol und Süßigkeiten enthalten Kalorien, aber kaum Nährstoffe. Genießen Sie also Süßes und »Süffiges« in kleinen Mengen, dafür aber ganz bewusst und ohne Reue.

Trinken Sie sich fit

Ihr Körper benötigt Flüssigkeit, während des Abnehmens noch mehr als sonst. Ob Wasser, Kräuter- oder Früchtetee – diese Getränke helfen, die beim Fettabbau entstehenden Stoffe aus dem Körper zu spülen. Mit 1,5 bis zwei Liter (ca. acht Gläser) sind Sie täglich gut versorgt.

Vorsicht Fett-Falle!

Gesünder essen bedeutet meist auch, weniger Fett zu essen, vor allem weniger versteckte gesättigte Fette, wie sie z. B. in Wurst, Käse oder Fleisch enthalten sind. Mit *Points Plus* ernähren Sie sich fettarm. Trotzdem ist der völlige Verzicht auf Fett nicht ratsam, denn Fett ist nicht gleich Fett! Ihr Körper braucht bestimmte Fettsäuren.

Die meisten pflanzlichen Fette enthalten viele ungesättigte Fettsäuren. Sie sind die Basis für den Aufbau und die Reparatur der Zellen und enthalten außerdem das fettlösliche Vitamin E, das eine wichtige Schutzfunktion im Körper ausübt. Bevorzugen Sie pflanzliche Fette wie z. B. Sonnenblumen- oder Keimöle zum Salat oder hochwertige Pflanzenmargarine als Brotaufstrich.

Vermeiden Sie beim Abnehmen »Fettnäpfchen«! Große Mengen an Fett lauern oft da, wo man es nicht unbedingt vermutet:

- in Butter-, Sahne-, Braten- und Salatsoßen
- in Chips und Nüssen
- in Croissants und Blätterteigbackwaren
- in fetten Wurst- und Käsesorten
- in Mayonnaise und Remoulade
- in panierten Schnitzeln und frittierten Kroketten
- in Pizza und Pommes
- in Schokolade und Cremetorten
- in Vollmilch oder Sahne im Kaffee oder Tee

Lebensmittel mit einem hohen Anteil versteckter Fett haben auch viele Points. Fett sparen heißt also auch Points sparen. Sie haben die Wahl:

Fettreiche Lebensmittel	**Fettarme Alternative**
Aal, geräuchert	Forelle, geräuchert
Apfelkuchen mit Mürbeteig	Hefeteilchen mit Äpfeln
Chips	Salzstangen
Cocktail-Dressing	Vinaigrette
Crème fraîche	saure Sahne
Doppelrahmfrischkäse	Magerquark
Mayonnaise, 80% Fett	Mayonnaise, 20% Fett
Pommes frites	Salzkartoffeln in beliebiger Menge
Salami	Lachsschinken
Schweinebratwurst	Geflügelwürstchen
Schweinehackfleisch	Tatar
Vollmilch (3,5% Fett)	Fettarme Milch (1,5% Fett)

Folgende Tipps helfen Ihnen, beim Einkaufen und Kochen Fett zu sparen:

- Fragen Sie Ihren Metzger nach fettarmen Fleisch- und Wurstwaren und lassen Sie sichtbares Fett entfernen.
- Fettarme Milchprodukte und Käsesorten gibt es in reicher Auswahl im Kühlregal oder an der Käsetheke.
- Bei Geflügel sitzt das meiste Fett unter der Haut - deshalb die Haut möglichst vor der Zubereitung entfernen!
- Mit einer beschichteten Pfanne oder Bratfolie können Sie ganz ohne Fett braten. Außerdem sparen Sie Öl, indem Sie es mit einem Pinsel oder etwas Küchenkrepp verreiben.
- Nutzen Sie den Gartengrill, die Grillfunktion des Backofens oder der Mikrowelle, um Fleisch und Gemüse ganz ohne Fett zuzubereiten.
- Pfannenrühren im Wok ist eine Fett sparende Zubereitungsart, und das so zubereitete Gemüse bleibt knackig und vitaminreich.
- Saucen können Sie statt mit Sahne ebenso gut mit fettarmem Joghurt, Buttermilch, fettarmer Kondensmilch oder saurer Sahne binden. Nehmen Sie auch Instantprodukte zum Binden, sie sind weniger fettreich als klassische Mehlschwitzen.

Der heiße Draht zu den *Weight Watchers*
Wollen Sie mehr wissen? Dann rufen Sie uns an – wir informieren Sie über Gruppen in Ihrer Nähe, *Weight Watchers* ZUHAUSE und unsere Angebote.

Deutschland:
01802 23 45 64 (0,06 € pro Gespräch) oder www.weightwatchers.de

Schweiz:
0900 57 05 06 (36 Rappen pro Minute) oder www.weightwatchers.ch

Eine Woche mit *Points Plus*

Damit Sie unser neues Ernährungsprogramm testen können, haben wir für Sie eine Woche mit *Points Plus* zusammengestellt. An jedem Tag nehmen Sie insgesamt 20 Points zu sich: ein Frühstück, zwei Snacks, eine leichte Mahlzeit und eine Hauptmahlzeit, deren Abfolge Sie frei wählen können – je nach Ihrem individuellen Tagesablauf. Alle Rezepte zu den Mahlzeiten finden Sie in diesem Kochbuch. Natürlich können Sie jedes Gericht auch durch ein anderes mit der gleichen Points-Zahl ersetzen.

Möchten Sie zwischendurch noch weitere Snacks, dann knabbern Sie rohes, gekochtes oder sauer eingelegtes Gemüse, essen Sie Obst (z. B. Ananas, Apfel, Birne, Beeren, Kiwi, Melone, Orange) oder trinken Sie Gemüsesäfte. Das alles schlägt mit 0 Points zu Buche.

Wir wünschen Ihnen viel Erfolg beim Abnehmen und guten Appetit!
Ihr *Weight Watchers* Team

1. Tag

Frühstück: Bananen-Schinken-Toast (S. 60)
Leichte Mahlzeit: Bunter Salat mit Käse (S. 50) und 1 Brötchen (jede Sorte)
Hauptmahlzeit: Nudel-Zucchini-Auflauf (S. 114)
Snack 1: Feiner Walnusskuchen (1 Stück) (S. 274)
Snack 2: 2 Hand voll Weintrauben und 1 Glas Apfelsaft (ohne Zuckerzusatz)

Trinken Sie sich fit! 1,5–2 Liter täglich (Wasser, Früchte- oder Kräutertee)

▶ **TIPP** Sie möchten sich heute ein Glas Wein gönnen? Dann ersetzen Sie den Apfelsaft durch 1 kleines Glas trockenen Rotwein.

2. Tag

Frühstück: Birnen-Camembert-Snack (S. 54)
Leichte Mahlzeit: Feldsalat mit Champignon-Dressing (S. 47) und 2 Toast
Hauptmahlzeit: Lachsfilet mit Fruchtsauce (S. 196)
1. Snack: Obstsalat »Fitness« (S. 259)
2. Snack: 250 g Fruchtjoghurt, extra leicht (jede Sorte)

Trinken Sie sich fit! 1,5–2 Liter täglich (Wasser, Früchte- oder Kräutertee)

▶ **TIPP** Als Menü für Gäste eignet sich der Feldsalat als Vorspeise, das Lachsfilet als Hauptspeise und eine frische Melone als Nachspeise.

3. Tag

Frühstück: 1 Brötchen, 2 TL Halbfettmargarine, 2 Scheiben Geflügelwurstaufschnitt und 1 Kiwi
Leichte Mahlzeit: Feine Tomatensuppe (S. 28) und 1 Scheibe Brot (jede Sorte)
Hauptmahlzeit: Ofengemüse mit Käse-Sauce (S. 136)
1. Snack: Italienischer Brotaufstrich (S. 71 und 1 Brötchen)
2. Snack: Orangen-Crêpes (S. 253)

Trinken Sie sich fit! 1,5–2 Liter täglich (Wasser, Früchte- oder Kräutertee)

▶ **TIPP** Statt Geflügelwurstaufschnitt können Sie auch 1 Scheibe Käse (30% Fett i.Tr.), 4 Scheiben Kassleraufschnitt oder 2 dünne Scheiben gekochten Schinken ohne Fett nehmen.

4. Tag

Frühstück: Roastbeef-Sandwich (S. 61) und 1 Banane
Leichte Mahlzeit: Orientalischer Bulgur-Salat (S. 48) und 1 Glas Buttermilch

Hauptmahlzeit: Scharfes Wokgemüse mit Lamm (S. 238)
1. Snack: Lachstoast »Kopenhagen« (S. 70)
2. Snack: Himbeer-Shake aus 250 ml fettarmer Milch, 100 g Himbeeren (TK oder frisch) und 2 TL Honig

Trinken Sie sich fit! 1,5–2 Liter täglich (Wasser, Früchte- oder Kräutertee)

▶ **TIPP** Der Bulgur-Salat eignet sich sehr gut zum Mitnehmen ins Büro oder für den Familienausflug.

5. Tag

Frühstück: 1 Brötchen, 2 TL Halbfettmargarine, 1 gekochtes Ei, 1 TL Marmelade
Leichte Mahlzeit: Bunte Bratkartoffeln mit Salat (S. 80)
Hauptmahlzeit: Käse-Wirsing-Makkaroni (S. 104)
1. Snack: Mini-Quiches (S. 172)
2. Snack: Festlicher Obstsalat (S. 247)

Trinken Sie sich fit! 1,5–2 Liter täglich (Wasser, Früchte- oder Kräutertee)

▶ **TIPP** Die Mini-Quiches sind garantiert Ihr nächster Party-Hit.

6. Tag

Frühstück: 1 Scheibe Brot, 2 TL Halbfettmargarine, 40 g Camembert, 30 % Fett i.Tr., 1 Orange
Leichte Mahlzeit: Tortellini-Salat (S. 57)
Hauptmahlzeit: Schweinefilet in Curry-Aprikosen-Sauce (S. 229)
1. Snack: Birnen-Carpaccio mit Käse und Nüssen (S. 68)
2. Snack: 1 Muffin (S. 269)

Trinken Sie sich fit! 1,5–2 Liter täglich (Wasser, Früchte- oder Kräutertee)

▶ **TIPP** Sie können den Muffin auch durch 3 Butterkekse ersetzen.

7. Tag

Frühstück: Milchreis-Kirsch-Auflauf (S. 242)
Leichte Mahlzeit: Afrikanische Gemüsesuppe (S. 24) und 250 g Fruchtjoghurt, extra leicht
Hauptmahlzeit: Coq au vin (S. 205)
1. Snack: Mango-Sprossen-Salat (S. 34)
2. Snack: 1 Toast, 1 TL Halbfettmargarine, 1 TL Honig

Trinken Sie sich fit! 1,5–2 Liter täglich (Wasser, Früchte- oder Kräutertee)

▶ **TIPP** Kochen Sie eine größere Menge Afrikanische Gemüsesuppe und frieren Sie sie portionsweise ein.

Legende

Kreatives Kochen

Preiswert

Für die Familie

Schnell und einfach

SUPPEN, SALATE, SNACKS

CURRY-SUPPE MIT ÄPFELN

Für 4 Personen:

4 Äpfel
3 TL Butter
Currypulver
Salz
800 ml Geflügelfond (Glas)
(ersatzweise
800 ml Gemüsebrühe,
3 TL Instant)
150 g Magermilch-Joghurt
einige Tropfen
flüssiger Süßstoff

1. Äpfel würfeln, einige Spalten zurückhalten und die Apfelwürfel in Butter schmoren. Mit Currypulver und 1 Prise Salz würzen. Geflügelfond zugeben und ca. 10 Minuten köcheln lassen.

2. 3 Esslöffel Joghurt in die Suppe einrühren und mit Süßstoff abschmecken. Restlichen Joghurt mit Currypulver vermengen. Curry-Suppe mit Apfelspalten und einem Curry-Joghurt-Klecks servieren.

Zubereitungszeit: ca. 10 Minuten
Garzeit: ca. 10 Minuten

Pro Person: 1 Point

NUDEL-PAPRIKA-SUPPE

1. Zwiebeln und Paprikaschoten würfeln, mit Öl in einem Topf anschwitzen und mit Salz, Pfeffer und Paprikapulver würzen. Mit Gemüsebrühe ablöschen, Suppennudeln zufügen und zugedeckt ca. 10 Minuten garen.

2. Suppe nochmals pikant mit Salz, Pfeffer und Paprikapulver abschmecken und heiß servieren.

Zubereitungszeit: ca. 5 Minuten
Garzeit: ca. 15 Minuten

Für 4 Personen:

3 Zwiebeln
je 3 rote und grüne Paprikaschoten
1 TL Pflanzenöl
Salz
Pfeffer
Paprikapulver
1000 ml Gemüsebrühe (3 TL Instant)
140 g Suppennudeln, trocken

Pro Person: 2 Points

KERBEL-KARTOFFEL-CREMESUPPE

Für 1 Person:

3 mittelgroße Kartoffeln
1 Zwiebel
1 TL Pflanzenmargarine
250 ml Gemüsebrühe
(2 TL Instant)
3 Karotten
125 ml fettarme Milch
4 TL grob gehackter Kerbel
Salz
Pfeffer

1. Kartoffeln und Zwiebel würfeln, Margarine in einem Topf zerlassen und Kartoffel- und Zwiebelwürfel darin andünsten. Gemüsebrühe angießen und zugedeckt ca. 10 Minuten garen.

2. Karotten in sehr feine Streifen schneiden, mit Milch in die Suppe geben und weitere 5 Minuten garen. Etwa die Hälfte der Suppe herausnehmen, pürieren und zurückgeben. Kerbel hinzugeben und mit Salz und Pfeffer abgeschmeckt servieren.

Zubereitungszeit: ca. 10 Minuten
Garzeit: ca. 15 Minuten

Pro Person: 4 Points

FEINE CHAMPIGNONSUPPE

Für 2 Personen:

2 Zwiebeln
500 g Champignons
1 Liter Gemüsebrühe
(2 TL Instant)
1 Bund Petersilie
Salz
Pfeffer

1. Zwiebeln fein würfeln und Champignons in Scheiben schneiden. Einige Champignonscheiben beiseite legen.

2. Zwiebelwürfel in einem Topf fettfrei andünsten, Champignonscheiben zufügen und unter Rühren kurz anbraten. Brühe angießen, aufkochen und ca. 10 Minuten garen.

3. Etwas Petersilie beiseite legen, restliche Petersilie fein hacken, einrühren und mit Salz und Pfeffer abschmecken. Champignonsuppe mit restlichen Champignonscheiben und Petersilie garniert servieren.

Zubereitungszeit: ca. 5 Minuten
Garzeit: ca. 20 Minuten

Pro Person: 0 Points

GEEISTE GAZPACHO

1. Paprikaschote, Gurke und Knoblauchzehen würfeln und mit stückigen Tomaten pürieren.

2. Gazpacho mit Essig, Salz und Pfeffer abschmecken und ca. 1–2 Stunden einfrieren. Geeiste Gazpacho dekorativ mit Eiswürfeln anrichten und servieren.

Zubereitungszeit: ca. 5 Minuten
Gefrierzeit: ca. 1–2 Stunden

Für 1 Person:

1 rote Paprikaschote
½ Salatgurke
2 Knoblauchzehen
150 g stückige Tomaten (Konserve)
2 TL Balsamicoessig
Salz
Pfeffer

Pro Person: 0 Points

AFRIKANISCHE GEMÜSESUPPE

Für 1 Person:

1 Zwiebel
1 mittelgroße Kartoffel
1 Karotte
1/8 Kopf Weißkohl
300 ml Gemüsebrühe (2 TL Instant)
2 Tomaten
100 g Okraschoten (ersatzweise grüne Stangenbohnen)
1 TL Erdnusscreme
Salz
Cayennepfeffer
einige Blätter Zitronenmelisse

1. Zwiebel und Kartoffel würfeln, Karotte in Scheiben, Weißkohl in Streifen schneiden und alles fettfrei anrösten. Gemüsebrühe angießen und zugedeckt ca. 25 Minuten schmoren.

2. Tomaten überbrühen, häuten, entkernen und in Spalten schneiden. Tomatenspalten und Okraschoten in die Suppe geben und weitere 5 Minuten garen.

3. Suppe mit Erdnusscreme, Salz und Cayennepfeffer abschmecken und mit Zitronenmelisse bestreut servieren.

Zubereitungszeit: ca. 15 Minuten
Garzeit: ca. 30 Minuten

Pro Person: 2 Points

MELONEN-SUPPE

Für 2 Personen:

1 Honigmelone
1 Galiamelone
4 EL Frischkäse
(30% Fett i. Tr.)
Saft einer Limette
4 EL Mineralwasser
Salz
Pfeffer
einige Spritzer scharfe
Chilisauce
1 rote Paprikaschote

1. Honig- und Galiamelone grob würfeln und mit Frischkäse und Limettensaft pürieren. Mineralwasser unterrühren und mit Salz, Pfeffer und Chilisauce abschmecken.

2. Paprikaschote fein würfeln. Melonensuppe in tiefe Teller geben und mit Paprikawürfeln bestreut servieren.

Zubereitungszeit: ca. 10 Minuten

Pro Person: 1 Point

BASILIKUM-SUPPE

1. Lauchzwiebeln in Ringe schneiden und in erhitztem Öl kurz andünsten. Mehl darüber stäuben und mit Milch und Gemüsebrühe unter Rühren ablöschen. Basilikum bis auf einige Blätter für die Dekoration fein hacken, zur Suppe geben und alles pürieren.

2. Tomaten kreuzweise einritzen, überbrühen, häuten, in Würfel schneiden, mit der sauren Sahne in die Suppe geben und alles mit Salz und Pfeffer abschmecken. Mit restlichem Basilikum bestreut servieren.

Zubereitungszeit: ca. 10 Minuten
Garzeit: ca. 10 Minuten

VORSPEISE

Für 4 Personen:

1 Bund Lauchzwiebeln
2 TL Pflanzenöl
1 TL Mehl
250 ml fettarme Milch
600 ml Gemüsebrühe
(3 TL Instant)
1 Bund Basilikum
4 Tomaten
4 EL saure Sahne
Salz
Pfeffer

Pro Person: 1,5 Points

FEINE TOMATENSUPPE

Für 1 Person:

1 Zwiebel
1 Knoblauchzehe
1 TL Pflanzenöl
2 TL Tomatenmark
100 g geschälte Tomaten (Konserve)
½ TL Rosmarin
½ kleines Glas trockener Rotwein
150 ml Gemüsebrühe (½ TL Instant)
1 Prise Zucker
1 TL Zitronensaft
Salz
Pfeffer
1 EL geriebener Parmesan (32% Fett i. Tr.)

1. Zwiebel und Knoblauchzehe fein hacken. Öl in einem Topf erhitzen und beides darin glasig anschwitzen.

2. Tomatenmark, Tomaten und Rosmarin hinzugeben. Rotwein und Gemüsebrühe angießen und ca. 5 Minuten unter Rühren etwas einkochen lassen.

3. Tomatensuppe mit Zucker, Zitronensaft, Salz und Pfeffer abschmecken. Parmesan darüber streuen und servieren.

Zubereitungszeit: ca. 5 Minuten
Garzeit: ca. 10 Minuten

Pro Person: 2 Points

ROTE LINSENSUPPE MIT CURRY-CROÛTONS

VORSPEISE

Für 4 Personen:

8 Tomaten
3 Zwiebeln
4 Karotten
2 TL Pflanzenöl
120 g rote Linsen (trocken)
1000 ml Gemüsebrühe
(4 TL Instant)
2 Scheiben Toastbrot
2 TL Currypulver
Salz
Pfeffer
Koriander
Kurkuma (ersatzweise Currypulver)
4 TL Schnittlauchringe

1. Tomaten kreuzweise einritzen, überbrühen, häuten und mit den Zwiebeln und Karotten in feine Würfel schneiden. Öl in einem Topf erhitzen, Zwiebel-, Tomaten- und Karottenwürfel mit Linsen kurz andünsten, mit Brühe ablöschen und ca. 10 Minuten garen. Für die Curry-Croûtons Toastbrot in Würfel schneiden, mit Currypulver bestäuben und in einer beschichteten Pfanne fettfrei anrösten.

2. Die Suppe mit Salz, Pfeffer, Koriander und Kurkuma abschmecken und mit Croûtons sowie Schnittlauchringen bestreut servieren.

Zubereitungszeit: ca. 10 Minuten
Garzeit: ca. 10 Minuten

Pro Person: 2,5 Points

DEFTIGE GULASCHSUPPE

1. Rindfleisch und Zwiebeln in Würfel schneiden. Karotten in Scheiben schneiden.

2. Öl in einem Topf erhitzen, Fleisch darin von allen Seiten anbraten. Zwiebelwürfel und Karottenscheiben zufügen, mit Salz und Pfeffer würzen und unter Rühren einige Minuten mitbraten. Fond und 500 ml Wasser angießen und die Suppe ca. 20 Minuten garen.

3. Tomaten und Paprikaschoten in Spalten schneiden, zur Suppe geben und weitere ca. 5 Minuten garen. Mit Salz, Pfeffer, Paprikapulver und Majoran abschmecken und servieren.

Zubereitungszeit: ca. 10 Minuten
Garzeit: ca. 30 Minuten

Für 4 Personen:

375 g Rindfleisch, mager
4 Zwiebeln
4 Karotten
1 TL Pflanzenöl
Salz
Pfeffer
1 Liter Fleischfond (Glas)
(ersatzweise Gemüsebrühe)
4 Tomaten
je 1 grüne und gelbe Paprikaschote
Paprikapulver
getrockneter Majoran

Pro Person: 2,5 Points

KÄSE-CREMESUPPE

Für 1 Person:

1 mittelgroße Kartoffel
3 Karotten
250 ml Gemüsebrühe
(1 TL Instant)
3 EL Schmelzkäse
(25% Fett i. Tr.)
½ kleines Glas trockener
Weißwein
Salz
Pfeffer
1 TL Schnittlauchringe

1. Kartoffel und Karotten fein würfeln, mit Gemüsebrühe aufkochen. Alles zugedeckt ca. 20 Minuten garen und pürieren.

2. Schmelzkäse in die Suppe geben und Weißwein angießen. Suppe mit Salz und Pfeffer abschmecken und mit Schnittlauchringen bestreut servieren.

Zubereitungszeit: ca. 5 Minuten
Garzeit: ca. 20 Minuten

Pro Person: 3 Points

RUSSISCHER BORSCHTSCH

1. Rindfleisch mit 500 ml Wasser aufsetzen und zugedeckt bei kleiner Hitze ca. 30 Minuten garen.

2. Weißkohl und Lauch in Streifen schneiden, Rote Bete und Kartoffeln würfeln. Knoblauchzehen zerdrücken, mit Gemüse, Kümmel und Brühe zum Fleisch geben. Eintopf zugedeckt weitere 20 Minuten garen.

3. Fleisch herausnehmen, würfeln und zurückgeben. Borschtsch mit Essig, Zucker, Salz und Pfeffer abschmecken und mit einem Klecks saurer Sahne servieren.

Zubereitungszeit: ca. 10 Minuten
Garzeit: ca. 50 Minuten

Für 4 Personen:

375 g Rindfleisch, mager
1 kleiner Kopf Weißkohl
2 Stangen Lauch
200 g Rote Bete (Konserve)
4 mittelgroße Kartoffeln
2 Knoblauchzehen
1 TL Kümmel
300 ml Gemüsebrühe
(3 TL Instant)
2 EL Weißweinessig
2 EL Zucker
Salz
Pfeffer
2 EL saure Sahne

Pro Person: 4 Points

MANGO-SPROSSEN-SALAT

Für 4 Personen:

1 Blattsalat
2 Chicorée
2 rote Paprikaschoten
2 kleine frische Mangos (400 g)
200 g frische Sojasprossen
8 EL Kresse
2 kleine Zwiebeln
8 TL Sherry-Essig
4 TL Pflanzenöl
4 TL Sojasauce
grob geschroteter Pfeffer

1. Blattsalat in mundgerechte Stücke zupfen, Chicorée in Blätter teilen, Paprikaschoten in feine Streifen, Mango in dünne Spalten schneiden und alles mit Sojasprossen und Kresse mischen.

2. Zwiebeln fein hacken, mit Essig, Öl und Sojasauce verrühren und mit Pfeffer abschmecken. Dressing über den Salat geben und servieren.

Zubereitungszeit: ca. 10 Minuten

Pro Person: 2 Points

GAISBURGER MARSCH

Für 1 Person:

1 kleines Stück Rindfleisch, mager (125 g)
1 Karotte
1 Stange Bleichsellerie
1 Stange Lauch
1 EL gegarte Spätzle
2 TL Gemüsebrühe (Instant)
Salz
Pfeffer

1. Rindfleisch mit 500 ml Wasser bedecken und zugedeckt ca. 20 Minuten garen.

2. Karotte und Bleichsellerie in Scheiben, Lauch in Ringe schneiden, zu dem Fleisch geben und weitere 10 Minuten garen.

3. Fleisch herausnehmen und würfeln. Fleischwürfel und Spätzle in die Suppe geben und erhitzen. Gemüsebrühe in der Suppe auflösen und mit Salz und Pfeffer abgeschmeckt servieren.

Zubereitungszeit: ca. 5 Minuten
Garzeit: ca. 30 Minuten

Pro Person: 4 Points

PAPRIKA-CHINAKOHL-SALAT

1. Paprikaschoten in Rauten, Chinakohl in Streifen schneiden und mit Sprossen mischen. Petersilie unterheben.

2. Brühe mit Senf und Essig verrühren, Öl unterschlagen und mit Salz, Pfeffer und Süßstoff abschmecken. Salat mit Dressing vermengen und servieren.

Zubereitungszeit: ca. 10 Minuten

Für 4 Personen:

2 rote und 1 gelbe Paprikaschote
1 Chinakohl
250 g gemischte Sprossen (z. B. Mungobohnensprossen, Alfalfasprossen, Radieschensprossen)
8 EL gehackte Petersilie
200 ml Gemüsebrühe (1 TL Instant)
4 TL Senf
8 EL Weißweinessig
8 TL Walnussöl
Salz
Pfeffer
einige Tropfen flüssiger Süßstoff

Pro Person: 2 Points

GROSSER FITNESS-SALAT

Für 4 Personen:

200 g Broccoli
1 kleiner Blumenkohl
200 g Rosenkohl
1 Fenchelknolle
je 1 rote und grüne Paprikaschote
150 g Champignons
1 Kopf Lollo rossa
2 Kohlrabi
1 Bund Karotten
100 g Zuckererbsenschoten
Salz
100 g Alfalfasprossen (ersatzweise andere Sprossen)
1 Glas Buttermilch
150 g fettarmer Joghurt
Saft einer halben Zitrone
Pfeffer
einige Tropfen flüssiger Süßstoff

1. Broccoli und Blumenkohl in Röschen teilen, Rosenkohl halbieren, Fenchelknolle vierteln und den Strunk herausschneiden, mit den Paprikaschoten in Streifen und Pilze in Scheiben schneiden. Lollo rossa in mundgerechte Stükke zupfen, Kohlrabi in Stifte schneiden, die Karotten schälen, aber etwas von dem Grün stehen lassen.

2. Broccoli- und Blumenkohlröschen, Zuckererbsenschoten, Rosenkohl, Fenchel, Kohlrabistifte und Karotten in kochendem Salzwasser ca. 5 Minuten blanchieren, abgießen und abtropfen lassen.

3. Blanchiertes Gemüse mit Paprikastreifen, Lollo rossa und Pilzscheiben mischen, auf Tellern anrichten und die Sprossen darauf verteilen. Für das Dressing Buttermilch, Joghurt und Zitronensaft verrühren, mit Salz, Pfeffer und Süßstoff abschmecken und über den Salat geben.

Zubereitungszeit: ca. 25 Minuten
Garzeit: ca. 5 Minuten

Pro Person: 1 Point

Fenchel, ein Hauch von Anis!

Die Heimat des Gemüsefenchels sind die Mittelmeerländer, wo er gerne gegart als Gemüse oder knackig-frisch für Salate verwendet wird. Die Fenchelwurzel besteht aus mehreren Blattschichten, die eine zwiebelartige Knolle bilden. Aus den kleinen gelben Blütendolden der Pflanze entstehen jeweils zwei längliche, gerippte hellgrüne Samen, die hauptsächlich für Teeaufgüsse benutzt werden. Der süßlich-milde Geschmack von Fenchel erinnert an Anis und schmeckt toll zu hellen Saucen oder zusammen mit Hülsenfrüchten.

ORIENTALISCHER SALAT

Für 4 Personen:

500 g Kichererbsen (Konserve)
12 Tomaten
1 Bund Frühlingszwiebeln
1 Bund glatte Petersilie
1 Knoblauchzehe
250 g fettarmer Joghurt
3 TL Zitronensaft
1 Msp. Kardamom
1 Msp. Kreuzkümmel
Salz
Pfeffer
einige Tropfen flüssiger Süßstoff

1. Kichererbsen abtropfen lassen, Tomaten in dünne Spalten, Frühlingszwiebeln in Ringe schneiden und Petersilie grob hacken. Alle Salatzutaten vermischen.

2. Für das Dressing Knoblauchzehe zerdrücken und mit Joghurt und Zitronensaft glatt rühren. Dressing mit Kardamom, Kreuzkümmel, Salz, Pfeffer und Süßstoff pikant abschmecken. Dressing über den Salat geben, kurz ziehen lassen und servieren.

Zubereitungszeit: ca. 10 Minuten

Pro Person: 3 Points

GEMÜSESALAT »BISTRO«

1. Fenchelknolle und Paprikaschoten in Streifen schneiden und Broccoli in Röschen teilen. Das Gemüse in kochendem Salzwasser ca. 5 Minuten blanchieren. Zucchini und Sellerie in Scheiben, Karotten in Stifte schneiden und Tomaten achteln. Rüben halbieren und einen Teil des Grüns dabei stehen lassen. Das Gemüse zusammen mit Kidneybohnen und Maiskolben auf großen Tellern anrichten.

2. Zwiebeln in feine Würfel schneiden. Für das Dressing Joghurt mit Milch und Senf glatt rühren. Zwiebelwürfel zugeben, mit Salz, Pfeffer, Paprikapulver sowie etwas Süßstoff abschmecken und über den Salat geben.

Zubereitungszeit: ca. 15 Minuten
Garzeit: ca. 5 Minuten

Für 4 Personen:

1 Fenchelknolle
je 1 gelbe und rote Paprikaschote
150 g Broccoli
Salz
1 Zucchini
4 Stangen Staudensellerie
4 Karotten
4 Tomaten
1 Bund weiße Rüben (ersatzweise weiße oder rote Radieschen)
5 EL Kidneybohnen (Konserve)
150 g kleine Maiskolben (Konserve)
2 rote Zwiebeln
375 g fettarmer Joghurt
125 ml fettarme Milch
2 TL Senf
Pfeffer
Paprikapulver
einige Tropfen flüssiger Süßstoff

Pro Person: 2 Points

WIESENSALAT MIT KARTOFFEL-VINAIGRETTE

Für 2 Personen:

1 mittelgroße Kartoffel
⅛ Liter Gemüsebrühe
(1 TL Instant)
600 g Frühlingssalate
und -kräuter (z. B. Rauke,
Kerbel, Sauerampfer)
125 ml fettarme Milch
Salz
Pfeffer
einige Tropfen flüssiger
Süßstoff
3 EL Weißweinessig
2 Scheiben Toastbrot

1. Kartoffel würfeln und ca. 10 Minuten in der Brühe garen. In der Zwischenzeit die Salate bzw. Kräuter in mundgerechte Stücke zupfen.

2. Milch zur Kartoffel geben und alles pürieren. Mit Salz, Pfeffer, Süßstoff und Essig abschmecken.

3. Für die Croûtons Toastbrot würfeln und in einer beschichteten Pfanne fettfrei anrösten. Salatzutaten dekorativ auf einem Teller anrichten, mit warmem Dressing beträufeln und mit Croûtons bestreut servieren.

Zubereitungszeit: ca. 15 Minuten
Garzeit: ca. 10 Minuten

Pro Person: 2 Points

RADIESCHEN-SALAT-MIX

Für 4 Personen:

1 Kopf Eichblattsalat
2 Bund Radieschen
½ Salatgurke
1 Bund Dill
1 Bund Petersilie
100 g Sojasprossen
1 rote Zwiebel
4 TL flüssiger Honig
3 TL Sonnenblumenöl
5 EL Gemüsebrühe
(½ TL Instant)
3 EL Zitronenessig
(ersatzweise Obstessig)
Salz
Pfeffer
4 Brötchen

Pro Person: 3 Points

1. Salat in mundgerechte Stücke zupfen, Radieschen und Gurke in Scheiben schneiden, Dill und Petersilie hacken und alles mit Sojasprossen vermischen.

2. Für das Dressing Zwiebel fein würfeln, mit Honig, Öl, Brühe und Essig verrühren. Dressing mit Salz und Pfeffer abschmecken und mit den Salatzutaten vermengen. Radieschen-Salat-Mix mit Brötchen servieren.

Zubereitungszeit: ca. 15 Minuten

Radieschen

Die Zeit, in der Radieschen nur zum Dekorieren von Salaten verwendet wurden, ist lange vorbei. Radieschen gehören zur Rettichfamilie und schmecken daher leicht senfig, die kleinen roten knackigen Gemüse sind jedoch weniger scharf als Rettich. Radieschen werden mit Grün als Bündelware angeboten und sind nur wenige Tage haltbar. Geputzt und in verschlossenen Kunststoffbeuteln verpackt, bleiben sie im Kühlschrank länger haltbar.
Radieschen werden roh gegessen und schmekken toll in knackigen Salaten, zu frischen Dips oder als Belag auf Sandwiches.

PAPRIKA-THUNFISCH-SALAT

Für 4 Personen:

je 1 gelbe, rote und grüne Paprikaschote
2 Schalotten
180 g Thunfisch im eigenen Saft (Konserve)
2 TL Rosmarin
1 EL Essig
Salz
Pfeffer
einige Tropfen flüssiger Süßstoff
1 Knoblauchzehe
8 Scheiben Baguettebrot
4 Tomaten
4 EL geriebener Käse (32 % Fett i. Tr.)
2 TL Kräuter der Provence

1. Paprikaschoten und Schalotten würfeln, mit Thunfisch und Rosmarin vermengen und mit Essig, Salz, Pfeffer und Süßstoff pikant abschmecken.

2. Knoblauchzehe halbieren und Baguettebrotscheiben damit einstreichen. Tomaten kreuzweise einritzen, überbrühen, häuten, entkernen und in feine Würfel schneiden. Tomatenwürfel, Käse und Kräuter der Provence vermengen und auf den Baguettescheiben verteilen. Im vorgeheizten Backofen bei 220 Grad (Gas: Stufe 3) ca. 5 Minuten gratinieren und zu dem Paprika-Thunfisch-Salat servieren.

Zubereitungszeit: ca. 15 Minuten
Garzeit: ca. 5 Minuten

Pro Person: 4 Points

FELDSALAT MIT CHAMPIGNON-DRESSING

1. Feldsalat auf 4 Tellern verteilen. Öl in einer Pfanne erhitzen, Champignons bei starker Hitze ca. 5 Minuten anbraten, mit Salz, Pfeffer und Kräutern würzen und mit Essig übergießen.

2. Sesam in einer beschichteten Pfanne fettfrei goldbraun anrösten. Champignons mit dem Garsud auf dem Feldsalat verteilen und mit Sesam bestreut servieren.

Zubereitungszeit: ca. 10 Minuten
Garzeit: ca. 5 Minuten

Für 4 Personen:

500 g Feldsalat
8 TL Pflanzenöl
600 g kleine Champignons
Salz
Pfeffer
2 TL italienische Kräuter
8 EL weißer Balsamicoessig
4 TL Sesam

Pro Person: 2,5 Points

ORIENTALISCHER BULGUR-SALAT

Für 4 Personen:

160 g Bulgur
600 ml Gemüsebrühe
(2 TL Instant)
50 g getrocknete Tomaten
2 Bund glatte Petersilie
4 TL gehackte Cashewnüsse
2 TL Erdnussöl
1 TL Honig
4 EL Limettensaft
(ersatzweise Zitronensaft)
Salz
Kreuzkümmel
Currypulver

1. Bulgur in Gemüsebrühe ca. 15 Minuten garen. Tomaten würfeln, ca. 5 Minuten vor Ende der Garzeit zugeben und mitgaren. Beides abgießen und abkühlen lassen. Petersilie grob hacken und mit Bulgur, Tomaten und Cashewnüssen mischen.

2. Erdnussöl mit Honig und Limettensaft verrühren und mit Salz, Kreuzkümmel und Currypulver abschmecken. Dressing mit den Salatzutaten vermengen und servieren.

Zubereitungszeit: ca. 10 Minuten
Garzeit: ca. 15 Minuten

Pro Person: 3,5 Points

BUNTER SALAT MIT KÄSE

Für 4 Personen:

250 g grüner Spargel
Salz
2 Karotten
240 g Artischockenherzen (Konserve)
250 g Champignons
3 Scheiben Käse (30 % Fett i. Tr.)
250 ml Buttermilch
5 EL Orangensaft, ohne Zucker
2 TL Zitronensaft
bunter Pfeffer
einige Tropfen flüssiger Süßstoff

1. Spargel in Stücke schneiden und in Salzwasser ca. 5 Minuten blanchieren. Karotten in feine Scheiben schneiden. Artischockenherzen und Champignons vierteln. Käse in Streifen schneiden und alles vermengen.

2. Buttermilch mit Orangen- und Zitronensaft verrühren, mit Salz, Pfeffer und Süßstoff abschmecken. Salat auf Tellern anrichten und mit Dressing beträufelt servieren.

Zubereitungszeit: ca. 10 Minuten
Garzeit: ca. 5 Minuten

Pro Person: 2 Points

LINSENSALAT MIT ZWIEBELDRESSING

Für 4 Personen:

240 g rote Linsen, trocken
500 ml Gemüsebrühe
(2 TL Instant)
2 Zucchini
je 1 gelbe und rote Paprikaschote
4 Schalotten
1 EL Zucker
1 kleines Glas trockener Rotwein
2 EL Senf
2 TL Pflanzenöl
4 EL Weißweinessig
Salz
Pfeffer

1. Linsen in der Brühe ca. 5 Minuten garen und weitere 5 Minuten ausquellen lassen.

2. Zucchini würfeln, Paprikaschoten in Streifen schneiden und mit den Linsen vermengen.

3. Schalotten in Ringe schneiden. Schalottenringe fettfrei in einer Pfanne andünsten. Zucker darüber streuen, mit Rotwein ablöschen und ca. 5 Minuten einkochen lassen. Senf mit Öl, Essig, Salz und Pfeffer verrühren, zu den Schalotten geben und warm auf dem Salat anrichten.

Zubereitungszeit: ca. 10 Minuten
Garzeit: ca. 15 Minuten

Pro Person: 4 Points

NUSSIGER PAPRIKA-KAROTTEN-SALAT

1. Paprikaschoten in feine Streifen schneiden, Karotten raspeln und mit Mandeln vermengen.

2. Für das Dressing Olivenöl, Brühe und Zitronensaft verrühren, mit Süßstoff abschmecken. Paprika-Karotten-Salat mit Dressing vermengen und mit Dill garniert servieren.

Zubereitungszeit: ca. 10 Minuten

Für 1 Person:

je 1 rote und grüne Paprikaschote
3 Karotten
2 TL gehobelte Mandeln
1 TL Olivenöl
2 TL Gemüsebrühe
(1 Prise Instant)
1 EL Zitronensaft
einige Tropfen flüssiger Süßstoff
1 Zweig Dill

Pro Person: 3 Points

BIRNEN-CAMEMBERT-SNACK

Für 4 Personen:

**120 g Camembert
(30% Fett i. Tr.)
300 g Magerquark
3 TL gehackte Walnüsse
Salz
Pfeffer
4 Scheiben Vollkornbrot
4 reife Birnen
4 TL flüssiger Honig**

1. Camembert zerdrücken, mit Quark und gehackten Walnüssen vermischen und mit Salz und Pfeffer abschmecken.

2. Vollkornbrot toasten. Birnen halbieren und 4 Hälften in Spalten schneiden. Getoastete Brotscheiben mit Käsecreme bestreichen, mit Birnenspalten belegen und restliche Käsecreme in die übrigen Birnenhälften füllen. Toast und Birnenhälften auf Tellern anrichten, mit Honig beträufeln und servieren.

Zubereitungszeit: ca. 10 Minuten

Pro Person: 5,5 Points

PFEFFER-MAKRELE AUF SALATBETT

Für 4 Personen:

1 ½ Kopf Endiviensalat
8 Tomaten
4 TL Senf
250 g fettarmer Joghurt
4 TL Weißweinessig
2 Msp. Meerrettich
4 TL Dill
Salz
grob geschroteter Pfeffer
4 TL Essig
4 TL Pflanzenöl
einige Tropfen flüssiger Süßstoff
4 kleine Pfeffer-Makrelenfilets, geräuchert (à 75 g)

1. Salat in mundgerechte Stücke zupfen, Tomaten achteln und auf Tellern anrichten.

2. Senf mit Joghurt, Essig, Meerrettich und Dill zu einem Joghurt-Dressing verrühren und mit Salz und Pfeffer abschmecken.

3. Essig und Öl vermengen, mit Salz, Pfeffer und Süßstoff abschmecken und über den Salat geben. Makrele mit Joghurt-Dressing auf dem Salat anrichten und servieren.

Zubereitungszeit: ca. 10 Minuten

Pro Person: 5 Points

TORTELLINI-SALAT

1. Rote Bete in Streifen und Lauchzwiebeln in Ringe schneiden.

2. Rote Bete-Saft, Öl und Joghurt verrühren, mit Salz und Pfeffer abschmecken und Walnüsse zugeben. Tortellini mit Roter Bete, Lauchzwiebeln und Dressing vermischen und servieren.

Zubereitungszeit: ca. 10 Minuten

Für 4 Personen:

400 g Rote Bete (Konserve)
4 Lauchzwiebeln
8 EL Rote Bete-Saft (Konserve)
4 TL Pflanzenöl
250 g fettarmer Joghurt
Salz
Pfeffer
6 TL gehackte Walnüsse
480 g verzehrfertige Tortellini

Pro Person: 5 Points

ARTISCHOCKEN MIT LECKEREN DIPS

Für 4 Personen:

4 rundköpfige Artischocken (ersatzweise 8 kleine Artischocken)
2 unbehandelte Zitronen
3 Liter Salzwasser

1. Stiele der Artischocken abschneiden, untere trockene Blätter entfernen und die Blattspitzen mit einer Schere kürzen. Die Zitronen in Scheiben schneiden, ins kochende Salzwasser geben und die Artischocken bei mittlerer Hitze ca. 35 bis 40 Minuten darin garen. Die Artischocken sind gar, wenn sich die mittleren Blätter leicht herausziehen lassen.

2. Für den **LIMETTEN-JOGHURT-DIP** Limettensaft mit Joghurt und saurer Sahne glatt rühren und mit Salz, Pfeffer und Süßstoff abschmecken.

Für den **ZIEGENKÄSE-DIP** Käse zerdrücken und Oliven fein würfeln. Beides mit Quark und Milch verrühren, Knoblauchzehe hineinpressen und mit Salz, Pfeffer und Kräutern der Provence würzen.

Für den **SALSA-DIP** Tomate kreuzweise einritzen, überbrühen, häuten und mit dem Paprika in feine Würfel schneiden. Mit Balsamicoessig vermischen und mit Salz, Pfeffer, Rosmarin, Cayennepfeffer, Paprikapulver und Süßstoff pikant abschmecken.

3. Die Artischocken warm servieren, Blatt für Blatt auszupfen und in die Dips tauchen.

Zubereitungszeit: ca. 15 Minuten
Garzeit: ca. 40 Minuten

FÜR DEN LIMETTEN-JOGHURT-DIP:

Saft einer Limette
150 g Magermilch-Joghurt
2 EL saure Sahne
Salz
Pfeffer
einige Tropfen
flüssiger Süßstoff

Pro Person:

0,5 Points

FÜR DEN ZIEGENKÄSE-DIP:

45 g Ziegenkäse
(ersatzweise Schafkäse)
3 schwarze Oliven
3 EL Magerquark
4 EL fettarme Milch
½ Knoblauchzehe
Salz
Pfeffer
1 TL Kräuter der Provence

Pro Person:

1,5 Points

FÜR DEN SALSA-DIP:

1 Fleischtomate
30 g eingelegte Paprika
3 EL Balsamicoessig
Salz
Pfeffer
1 Msp. Rosmarin
1 Msp. Cayennepfeffer
1 Msp. Paprikapulver
einige Tropfen
flüssiger Süßstoff

Pro Person:

0 Points

BANANEN-SCHINKEN-TOAST

Für 4 Personen:

4 Scheiben Vollkorn-Toastbrot
4 TL Halbfettmargarine
bunter Pfeffer
2 kleine Bananen
8 Scheiben roher Schinken, ohne Fett
Salz
2 TL Currypulver
4 EL geriebener Käse (32% Fett i. Tr.)
1 Netzmelone
1 Orange
2 Kiwis
2 TL Zitronensaft
einige Tropfen flüssiger Süßstoff

1. Toastbrot toasten, mit Margarine bestreichen und mit Pfeffer bestreuen. Bananen längs halbieren und mit Schinken umwickeln.

2. Toastbrot mit Schinken-Banane belegen, mit Salz, Pfeffer und Currypulver würzen und mit Käse bestreuen. Bananen-Schinken-Toast im vorgeheizten Backofen bei 250 Grad (Gas: Stufe 4) ca. 5 Minuten überbacken.

3. Von der Netzmelone kleine Kugeln ausstechen, Orange filetieren, Kiwis in Stücke schneiden, Zitronensaft zugeben, alles mit Süßstoff abschmecken und zu den Bananen-Schinken-Toasts servieren.

Zubereitungszeit: ca. 10 Minuten
Garzeit: ca. 5 Minuten

n: 3,5 Points

ROASTBEEF-SANDWICH

1. Radieschen und Salatgurke fein würfeln. Quark, Mineralwasser und Gemüse verrühren, mit Salz und Pfeffer abschmecken.

2. Toastscheiben diagonal halbieren. 2 Scheiben Vollkorn-Toast mit Quarkmasse bestreichen und jeweils mit einer Scheibe Roastbeef belegen. Mit Toasthälften abdecken und wie untere belegen. Mit restlichen Vollkorn-Toasts abdecken. Roastbeef-Sandwich zum Mitnehmen in Folie einschlagen.

Zubereitungszeit: ca. 10 Minuten

Für 2 Stück:

½ Bund Radieschen
½ kleine Salatgurke
3 EL Magerquark
2 EL Mineralwasser
Salz
Pfeffer
2 Scheiben Vollkorn-Toastbrot
1 Scheibe Toastbrot
4 Scheiben Roastbeef

Pro Stück: 3 Points

Pro Pers

TV-SNACKS

Für 4 Personen:

4 Karotten
1 Kohlrabi
3 Stangen Bleichsellerie
je 1 gelbe, rote und grüne Paprikaschote
Salz, Pfeffer

1. Karotten und Kohlrabi in Stifte und Bleichsellerie in Stücke schneiden. ½ rote Paprikaschote würfeln, restliche Paprikaschoten in Streifen schneiden.

2. Für den Paprika-Dip Chilischote in feine Ringe schneiden und mit Quark, Paprikawürfeln und Paprikapulver pürieren. Mit Salz und Pfeffer abschmecken.

3. Für den Dill-Dip Dill fein hacken, mit Joghurt und Zitronensaft verrühren und mit Salz und Pfeffer abschmecken.

4. Für den Curry-Dip Hüttenkäse mit Currypulver und Essig verrühren. Mit Salz, Pfeffer und Süßstoff abschmecken.

5. Gemüse auf einer Platte anrichten. Dips in kleine Schüsseln füllen und nach Wunsch garnieren.

Zubereitungszeit: ca. 25 Minuten

PAPRIKA-DIP

1 rote Chilischote
225 g Magerquark
1 TL Paprikapulver

Pro Person:
2 Points

DILL-DIP

½ Bund Dill
(ersatzweise Petersilie)
250 g fettarmer Joghurt
1 EL Zitronensaft

Pro Person:
2 Points

CURRY-DIP

6 EL Hüttenkäse
2 TL Currypulver
1 EL Balsamicoessig
einige Tropfen
flüssiger Süßstoff

Pro Person:
2 Points

ITALIENISCHE TRAMEZZINI

Für 4 Personen:

FÜR DIE GEMÜSE-TRAMEZZINI:
100 g fettarmer Joghurt
4 TL Mayonnaise
(20 % Fett)
½ TL Paprikapulver, edelsüß
Salz
Pfeffer
½ Kohlrabi
1 Karotte
½ Zucchini
2 Scheiben Toastbrot

FÜR DIE RUCOLA-SALAMI-TRAMEZZINI:
2 TL Tomatenmark
1 TL Sojasauce
1 TL Balsamicoessig
einige Tropfen
flüssiger Süßstoff
Salz
Pfeffer
Chilipulver
40 g Salami
2 Scheiben Toastbrot
100 g Rucola

Pro Person: 2,5 Points

1. Für die Gemüse-Tramezzini Joghurt mit Mayonnaise und Paprikapulver verrühren und mit Salz und Pfeffer abschmecken. Das Gemüse in Stifte schneiden. Toastbrot mit einem Teil Paprika-Joghurt bestreichen, mit einem Teil der Gemüsestifte belegen, mit zweitem Toast abdecken und vierteln. Verbliebenen Paprika-Joghurt als Dip zu restlichen Gemüsestiften servieren.

2. Für die Rucola-Salami-Tramezzini Tomatenmark mit Sojasauce und Essig verrühren und mit Süßstoff, Salz, Pfeffer und Chilipulver abschmecken. Salami in Streifen schneiden. Beide Toastscheiben mit Tomatencreme bestreichen, mit Rucola und Salamistreifen belegen, vierteln und servieren.

Zubereitungszeit: ca. 10 Minuten

ZUCCHINI-ROLLEN UND KNABBER-STICKS

1. Für die Zucchini-Rollen Ziegenkäse mit Joghurt pürieren, Pfefferminze unterheben und mit Zitronensaft, Salz und Pfeffer abschmecken. Zucchini längs in feine Scheiben schneiden und in einer beschichteten Pfanne fettfrei mit 2 Esslöffeln Wasser von beiden Seiten kurz anbraten. Zucchinischeiben mit der Ziegenkäsecreme bestreichen, aufrollen und mit Spießen feststecken.

2. Für die Knabber-Sticks Senf mit Joghurt verrühren und mit Süßstoff und Chilipulver abschmecken. Schinken mit der Senfcreme besteichen und mit Grissini belegen. Zu Rollen drehen, mit Schnittlauch festbinden und in einem Glas servieren.

Zubereitungszeit: ca. 10 Minuten
Garzeit: ca. 10 Minuten

Für 4 Personen:

FÜR DIE ZUCCHINI-ROLLEN:

90 g Ziegenkäse
150 g fettarmer Joghurt
1 EL gehackte Pfefferminze
2 TL Zitronensaft
Salz
Pfeffer
2 Zucchini

FÜR DIE KNABBER-STICKS:

2 TL mittelscharfer Senf
50 g fettarmer Joghurt
einige Tropfen flüssiger Süßstoff
Chilipulver
4 dünne Scheiben gekochter Schinken, ohne Fett (à 40 g)
4 Brotsticks (Grissini)
½ Bund Schnittlauch

Pro Person: 3,5 Points

KNUSPER-FLADEN

Für 8 Personen:

440 g Mehl
1 TL Salz
1 TL Zucker
1 Würfel frische Hefe
2 EL Hartweizengrieß
1 TL Olivenöl

Zum Bestreuen:
1 EL grobes Salz
2 EL Schwarzkümmel
2 EL Pizza-Gewürz
1 gehackte Knoblauchzehe

1. Mehl mit Salz und Zucker in eine Schüssel sieben. Hefe zerbröseln, in 250 ml lauwarmem Wasser auflösen und mit dem Mehl vermischen. Zugedeckt an einem warmen Ort ca. 30 Minuten gehen lassen.

2. Teig mit den Händen durchkneten und 2 Kugeln formen. Arbeitsfläche mit Grieß bestreuen, die Kugeln zu runden Fladen flachdrücken und zugedeckt weitere ca. 15 Minuten gehen lassen.

3. Fladen auf ein mit Back-Folie ausgelegtes Backblech setzen, mit Olivenöl einstreichen und nach Wunsch mit Salz, Schwarzkümmel, Pizza-Gewürz oder gehacktem Knoblauch bestreuen. Im vorgeheizten Backofen bei 220 Grad (Gas: Stufe 3) ca. 12 Minuten backen.

Zubereitungszeit: ca. 15 Minuten
Ruhezeit: ca. 45 Minuten
Backzeit: ca. 12 Minuten

Pro Person: 3 Points

KNUSPER-TOAST MIT BLATTSPINAT

Für 1 Person:

1 Knoblauchzehe
1 Schalotte
100 g Champignons
150 g Blattspinat
Salz
Pfeffer
1 Prise geriebene Muskatnuss
2 Scheiben Toastbrot
3 EL geriebener Käse (32 % Fett i. Tr.)

1. Knoblauchzehe zerdrücken, Schalotte fein würfeln und Champignons in Scheiben schneiden. Knoblauch und Schalottenwürfel in einer beschichteten Pfanne fettfrei andünsten. Champignons und Blattspinat zugeben, mit Salz, Pfeffer und Muskatnuss würzen und einige Minuten garen.

2. Toastbrot knusprig toasten, mit Gemüse belegen und mit geriebenem Käse bestreuen. Im vorgeheizten Backofen bei 250 Grad (Gas: Stufe 4) ca. 5 Minuten überbacken.

Zubereitungszeit: ca. 5 Minuten
Garzeit: ca. 10 Minuten

Pro Person: 3,5 Points

BIRNEN-CARPACCIO MIT KÄSE UND NÜSSEN

Für 1 Person:

1 Birne
5 Cashewnüsse
2 EL gehobelter Parmesan (32% Fett i. Tr.)
1 TL Nussöl
1 TL Balsamicoessig
1 TL Zitronensaft
1 TL Honig

1. Birne in feine Scheiben schneiden und auf einem Teller anrichten. Cashewnüsse grob hacken und mit Parmesan über das Birnen-Carpaccio streuen.

2. Öl mit Essig, Zitronensaft und Honig verrühren, das Birnen-Carpaccio damit beträufeln und servieren.

Zubereitungszeit: ca. 10 Minuten

Pro Person: 3 Points

LACHSTOAST »KOPENHAGEN«

Für 1 Person:

1 EL saure Sahne
½ TL Dill
Salz
Pfeffer
Currypulver
1 Scheibe Toastbrot
1 Scheibe Räucherlachs (60 g)
1 mittelgroßer Apfel
2 TL Zitronensaft
1 Stange Sellerie
einige Tropfen flüssiger Süßstoff

1. Saure Sahne mit Dill verrühren und mit Salz, Pfeffer und Currypulver würzen. Toastbrot toasten, mit Dill-Sahne bestreichen und mit Räucherlachs belegen.

2. Aus einem Apfelviertel einen Fächer schneiden und auf den Toast legen. Restlichen Apfel würfeln und mit Zitronensaft beträufeln. Sellerie in Scheiben schneiden, mit den Apfelwürfeln mischen, mit Salz, Pfeffer sowie Süßstoff abschmecken und zu dem Lachstoast servieren.

Zubereitungszeit: ca. 5 Minuten

Pro Person: 3,5 Points

ITALIENISCHER BROTAUFSTRICH

1. Tomaten entkernen, mit Rucola fein würfeln und mit Hüttenkäse und Pecorino vermengen.

2. Mit Essig zu einer geschmeidigen Creme rühren und mit Salz und Pfeffer abschmecken.

Zubereitungszeit: ca. 10 Minuten

Für 4 Personen:

2 Tomaten
1 Bund Rucola
4 EL Hüttenkäse
4 EL geriebener Pecorino
(32 % Fett i. Tr.)
1 EL Balsamicoessig
Salz
Pfeffer

Pro Person: 1 Point

GEMÜSECREME-AUFSTRICH

Für 4 Personen:

2 Karotten
1 rote Paprikaschote
1 kleine Zucchini
1 Bund Schnittlauch
150 g Magermilch-Joghurt
8 TL Mayonnaise (20 % Fett)
1 EL Zitronensaft
Salz
Pfeffer
1 EL Pinienkerne

1. Karotten, Paprikaschote und Zucchini in sehr feine Würfel, Schnittlauch in feine Ringe schneiden.

2. Joghurt mit Mayonnaise und Zitronensaft verrühren und mit Salz und Pfeffer würzen. Gemüsewürfel und Pinienkerne unterrühren und nochmals abschmecken.

Zubereitungszeit: ca. 10 Minuten

Pro Person: 1 Point

ORIENTALISCHER BROTAUFSTRICH

Für 4 Personen:

80 g Bulgur
2 Tomaten
2 Frühlingszwiebeln
4 schwarze Oliven, kernlos
½ Bund Petersilie
2 EL Schafkäse (45 % Fett i. Tr.)
2 EL Zitronensaft
Salz
Pfeffer

1. Bulgur waschen und in Wasser ca. 30 Minuten einweichen. Tomaten in Würfel, Frühlingszwiebeln und Oliven in Ringe schneiden.

2. Petersilie hacken, Schafkäse fein würfeln und mit Zitronensaft pürieren. Bulgur gut abtropfen lassen, mit Gemüse und Schafkäse-Masse vermengen und mit Salz und Pfeffer abschmecken.

Zubereitungszeit: ca. 10 Minuten
Einweichzeit: ca. 30 Minuten

Pro Person: 2 Points

KARTOFFELN, NUDELN, REIS

GEMÜSE-PUFFER MIT TOMATENQUARK

Für 1 Person:

1 Karotte
1 Zucchini
250 g Kartoffeln
Salz
1 Knoblauchzehe
1 Ei
1 TL Currypulver
Pfeffer
2 Tomaten
½ Bund Schnittlauch
150 g Magermilch-Joghurt
3 EL Magerquark
2 EL Mineralwasser

1. Karotte, Zucchini und Kartoffeln fein reiben, mit 1 Prise Salz vermengen, ca. 5 Minuten ruhen lassen und die austretende Flüssigkeit abgießen. Knoblauchzehe zerdrücken, zu dem geraspelten Gemüse geben, Ei untermengen und mit Currypulver und Pfeffer würzen.

2. Brat-Folie in einer Pfanne erhitzen und kleine Gemüse-Puffer darauf von beiden Seiten goldbraun backen.

3. 1 Tomate würfeln, die andere Tomate in Spalten, Schnittlauch in Ringe schneiden. Joghurt, Quark und Mineralwasser glatt rühren, mit Salz und Pfeffer abschmecken, Tomatenwürfel und Schnittlauchringe darunter mischen, mit Gemüse-Puffern und Tomatenspalten servieren.

Zubereitungszeit: ca. 10 Minuten
Garzeit: ca. 15 Minuten

Pro Person: 6 Points

Tomate: rund und gesund

Tomaten bestehen hauptsächlich aus Wasser, daneben enthalten sie Mineralstoffe, vor allem Kalium und Vitamine (A, C, E). Kaufen Sie Tomaten mit Stielansatz, denn dieser schützt das Aroma. Am besten lagern Sie Tomaten dunkel, kühl und separat von anderen Lebensmitteln, da Tomaten eine Substanz absondern, die anderes Gemüse schneller verwelken lässt.

Zum Kochen eignen sich weiche, saftige Tomaten, die ein stärkeres Aroma haben. Frische Tomaten schmecken gut mit frischen Kräutern, wie Dill, Petersilie und Thymian. Besonders beliebt und bekannt ist Basilikum als schmackhafter Begleiter. Geschmorte Tomaten harmonieren gut mit Oregano, Salbei und Petersilie.

SPINAT-KARTOFFEL-GRATIN

Für 1 Person:

300 g frischer Blattspinat (ersatzweise TK)
1 kleine Knoblauchzehe
Salz
Pfeffer
geriebene Muskatnuss
3 mittelgroße gekochte Kartoffeln
125 ml fettarme Milch
1 EL Mehl
1 EL saure Sahne
2 EL geriebener Emmentaler (30% Fett i. Tr.)

1. Spinat waschen und tropfnass in einem Topf bei schwacher Hitze zusammenfallen lassen. Knoblauchzehe fein würfeln, zu dem Spinat geben und mit Salz, Pfeffer und Muskatnuss abschmecken.

2. Kartoffeln in Scheiben schneiden und mit Spinat in eine Auflaufform schichten. Milch, Mehl und saure Sahne verquirlen, mit Salz, Pfeffer und Muskatnuss würzen und über das Gratin gießen.

3. Käse darüber streuen und im vorgeheizten Backofen bei 175 Grad (Gas: Stufe 2) ca. 20 Minuten gratinieren.

Zubereitungszeit: ca. 15 Minuten
Garzeit: ca. 20 Minuten

Pro Person: 5 Points

Muskat: ein Muss für den Genuss

Muskatnüsse sind die hell- bis dunkelbraun gefärbten Samenkerne des immergrünen Muskatnussbaumes, der im indischen Raum wächst. Die Muskatnuss wird von einer fleischigen Hülle umgeben und erinnert vom Aussehen an eine Aprikose. Der eiförmige Samen (Muskatnuss) ist von einem unregelmäßig geschlitzten Samenmantel (Muskatblüte) umgeben. Geriebene Muskatnuss passt sowohl zu Gemüse (z. B. Blumenkohl, Kohlrabi, Spinat) als auch zu Fleisch-, Fisch- und Eierspeisen.

KARTOFFELN IN KERBELSAUCE MIT LACHSSTREIFEN

1. Zwiebel fein würfeln und in einer beschichteten Pfanne kurz anrösten. Gemüsebrühe angießen, aufkochen lassen und Schmelzkäse unter Rühren darin auflösen. Kerbel zugeben, alles pürieren und mit Zitronensaft, Salz, Pfeffer und Muskatnuss abschmecken.

2. Zucchini in Scheiben schneiden, in einer beschichteten Pfanne mit wenig Wasser ca. 5 Minuten dünsten und mit Salz und Pfeffer würzen. Kartoffeln in Scheiben und Räucherlachs in schmale Streifen schneiden, mit den Zucchinischeiben dekorativ auf einen Teller legen und die Kerbelsauce darüber geben.

Zubereitungszeit: ca. 15 Minuten
Garzeit: ca. 15 Minuten

Für 1 Person:

1 Zwiebel
125 ml Gemüsebrühe (1 TL Instant)
2 EL Schmelzkäse (25% Fett i. Tr.)
1 TL gehackter Kerbel
Zitronensaft
Salz
Pfeffer
geriebene Muskatnuss
200 g junge Zucchini
300 g gekochte Frühkartoffeln
1 Scheibe Räucherlachs (60 g)

Pro Person: 5 Points

Kerbel: das süße Küchenkraut

Kerbel wird in ganz Europa angebaut, wobei es in Frankreich und Belgien ein besonders beliebtes Küchenkraut ist. Kerbel hat ein süßlich aromatisches, anisähnliches Aroma. Kerbel können Sie zum Würzen von Salaten, Gemüse-, Fleisch- oder Fischgerichten verwenden. Probieren Sie auch unsere Kerbel-Kartoffel-Creme-Suppe auf Seite 20. Das feine Kerbelaroma passt aber auch zu Kräutersaucen, Joghurt-Dips oder Eierspeisen. Daneben ist es Bestandteil der bekannten Kräutermischung »fines herbes«.

BUNTE BRATKARTOFFELN MIT SALAT

Für 1 Person:

4 mittelgroße gekochte Kartoffeln
1 TL Pflanzenöl
Salz
je 1 rote und gelbe Paprikaschote
1 Bund Frühlingszwiebeln
½ Päckchen Fix für Salatsauce
½ Kopfsalat
½ Bund Radieschen
Pfeffer
Majoran
1 TL Schnittlauchringe

1. Kartoffeln in Scheiben schneiden. Öl in einer Pfanne erhitzen, Kartoffelscheiben salzen und knusprig braun braten.

2. Paprikaschoten in Streifen, Frühlingszwiebeln in Ringe schneiden, alles zu den Kartoffeln geben und weitere 5 Minuten unter Rühren braten.

3. Fix für Salatsauce mit 3 Esslöffeln Wasser verrühren. Salat in mundgerechte Stücke zupfen, Radieschen in Scheiben schneiden und mit dem Dressing vermengen.

4. Bratkartoffeln mit Salz, Pfeffer und Majoran abschmecken und mit Schnittlauchringen bestreut zu dem Salat servieren.

Zubereitungszeit: ca. 5 Minuten
Garzeit: ca. 15 Minuten

Pro Person: 3 Points

FRÜHKARTOFFELN MIT BUNTEN DIPS

Für 1 Person:

300 g kleine festkochende Frühkartoffeln

Pro Person: 2 Points

1. Kartoffeln gründlich waschen und mit Schale in kochendem Wasser ca. 20 Minuten garen.

Garzeit: ca. 20 Minuten

WÄHLEN SIE DAZU AUS DEN FOLGENDEN DIPS AUS:

1. ROMANESCO-JOGHURT-DIP

Für 1 Person:

100 g Romanesco
Salz
100 g fettarmer Joghurt
Pfeffer
geriebene Muskatnuss
½ TL Zitronensaft

Pro Person: 1 Point

1. Romanesco in Röschen teilen, in kochendem Salzwasser kurz blanchieren, im Blitzhacker sehr fein hacken und mit Joghurt vermengen. Mit Salz, Pfeffer, Muskatnuss und Zitronensaft abschmecken und zu den Frühkartoffeln servieren.

Zubereitungszeit: ca. 5 Minuten

2. FRISCHER TOMATEN-DIP

1. Zwiebel und Knoblauchzehe hacken, Karotte raspeln. Olivenöl in einem Topf erhitzen, Zwiebel und Knoblauch darin glasig dünsten, Karottenraspel zugeben, kurz mit dünsten, passierte Tomaten angießen und ca. 15 Minuten bei geringer Hitze garen.

2. Dip mit Salz, Pfeffer und Süßstoff abschmecken. Basilikum hacken, zum Dip geben und zu den Frühkartoffeln servieren.

Zubereitungszeit: ca. 10 Minuten
Garzeit: ca. 20 Minuten

Für 1 Person:

1 Zwiebel
1 Knoblauchzehe
1 kleine Karotte
1 TL Olivenöl
200 g passierte Tomaten
Salz, Pfeffer
einige Tropfen flüssiger Süßstoff
½ Bund Basilikum

Pro Person: 1 Point

3. KRÄUTER-DIP

1. Saure Sahne, Joghurt, Senf und Zitronensaft vermischen. Gewürzgurke sehr fein würfeln, Kräuter fein hacken und beides unter die Joghurt-Mischung geben. Alles mit Salz, Pfeffer und Süßstoff abschmecken und zu den Kartoffeln servieren.

Zubereitungszeit: ca. 10 Minuten

Für 1 Person:

1 EL saure Sahne
150 g fettarmer Joghurt
1 TL Senf
1 TL Zitronensaft
1 kleine Gewürzgurke
½ Bund Schnittlauch
½ Bund glatte Petersilie
Salz
Pfeffer
einige Tropfen flüssiger Süßstoff

Pro Person: 2 Points

KARTOFFEL-TERRINE

Für 1 Person:

3 Blatt weiße Gelatine
2 gekochte Kartoffeln
2 Tomaten
1 Lauchzwiebel
150 ml Gemüsebrühe
(1 TL Instant)
6 EL Magerquark
Salz
Pfeffer
Paprikapulver
6 Radieschen

1. Gelatine nach Packungsanweisung in kaltem Wasser einweichen. Eine Form nach Wahl (rund oder eckig) mit kaltem Wasser ausspülen und mit Frischhaltefolie auskleiden.

2. Kartoffeln in Stifte, Tomaten in Spalten und Lauchzwiebel in Ringe schneiden. Gemüsebrühe und Quark verrühren und kräftig mit Salz, Pfeffer und Paprikapulver abschmecken.

3. Gelatine ausdrücken und in einem kleinen Topf bei niedriger Temperatur oder in der Mikrowelle schmelzen. Nach und nach etwas Quarkmasse unterrühren, dann die Gelatinemasse zum restlichen Quark geben und glatt rühren. Kartoffelstifte, Tomatenspalten und Lauchzwiebelringe unter die Quarkmasse geben und alles in die vorbereitete Form füllen. Kartoffel-Terrine im Kühlschrank mindestens 3 Stunden erstarren lassen.

4. Radieschen rosettenförmig einritzen. Terrine aus der Form stürzen, Frischhaltefolie abziehen und in Scheiben geschnitten mit Radieschen dekoriert servieren.

Zubereitungszeit: ca. 20 Minuten
Kühlzeit: mindestens 3 Stunden

Pro Person: 4 Points

KARTOFFEL-LASAGNE

1. Tomaten in Würfel schneiden. Zwiebel fein hacken und mit Tatar in einer beschichteten Pfanne fettfrei knusprig braun braten. Tomatenwürfel, passierte Tomaten und Kräuter hinzugeben und mit Salz und Pfeffer abschmecken.

2. Mehl und Margarine verkneten, Milch aufkochen und mit »Mehlbutter« andicken. Sauce mit Salz, Pfeffer und Muskatnuss abschmecken.

3. Kartoffeln in Scheiben schneiden und abwechselnd mit Tatarmasse und heller Sauce in eine flache Auflaufform einschichten. Kartoffel-Lasagne mit Käse bestreuen und im vorgeheizten Backofen bei 200 Grad (Gas: Stufe 3) ca. 20 Minuten backen.

Zubereitungszeit: ca. 10 Minuten
Garzeit: ca. 35 Minuten

Für 1 Person:

2 Tomaten
1 Zwiebel
2 EL Tatar (60 g)
150 ml passierte Tomaten (Konserve)
2 TL gehackte Kräuter
Salz
Pfeffer
1 TL Mehl
1 TL Margarine
125 ml fettarme Milch
1 Msp. geriebene Muskatnuss
3 gekochte Kartoffeln
2 EL geriebener Käse (32% Fett i. Tr.)

Pro Person: 6 Points

DÄNISCHE KARAMELL-KARTOFFELN

Für 1 Person:

300 g kleine junge Kartoffeln (z. B. Drillinge)
3 Stangen Rhabarber
einige Tropfen flüssiger Süßstoff
1 Pfirsich
100 g Erdbeeren
1 EL Zucker
1 TL Pflanzenmargarine
4 EL Wasser

1. Kartoffeln ca. 20 Minuten garen und heiß pellen.

2. Rhabarber in Scheiben schneiden, mit wenig Wasser in einen Topf geben und einmal kurz aufkochen lassen. Rhabarber etwas auskühlen lassen, dann mit Süßstoff abschmecken. Pfirsich und Erdbeeren in Spalten schneiden und mit dem Rhabarber mischen.

3. Zucker in einer beschichteten Pfanne goldbraun karamellisieren lassen. Margarine hinzugeben und schmelzen lassen. Pfanne kurz von der Platte nehmen, Wasser angießen, dann Karamell loskochen. Kartoffeln in die Pfanne geben und rundherum karamellisieren. Kartoffeln noch warm mit Fruchtsalat servieren.

Zubereitungszeit: ca. 10 Minuten
Garzeit: ca. 30 Minuten

Pro Person: 4 Points

MINI-PUFFER MIT KÜRBIS

Für 2 Personen:

300 g Kartoffeln
100 g Kürbis, süß-sauer eingelegt
1 EL gehackte Erdnüsse
1 Ei
1 EL Stärkemehl
Currypulver
Salz
Pfeffer
6 EL Magerquark
1 TL gehackte Gartenkräuter
1 TL Halbfettmargarine
2 Zucchini

1. Kartoffeln reiben, Kürbis in sehr feine Streifen schneiden und beides mit Erdnüssen, Ei und Stärkemehl vermengen. Masse mit Currypulver, Salz und Pfeffer würzen.

2. Brat-Folie in einer Pfanne erhitzen. Kartoffel-Kürbis-Masse löffelweise darauf geben und von jeder Seite ca. 5 Minuten goldgelb backen.

3. Quark und Kräuter vermengen und mit Salz und Pfeffer abschmecken. Margarine in einer Pfanne erhitzen, Zucchini in Scheiben schneiden, ca. 5 Minuten darin dünsten, mit Salz und Pfeffer abschmecken und mit dem Quark-Kräuter-Dip zu den Puffern servieren.

Zubereitungszeit: ca. 15 Minuten
Garzeit: ca. 15 Minuten

Pro Person: 6 Points

MARONEN-KARTOFFEL-SOUFFLÉ

1. Maronen und Kartoffeln würfeln und in Apfelsaft und Wasser ca. 15 Minuten kochen. Maronen- und Kartoffelwürfel pürieren, mit Süßstoff abschmecken und abkühlen lassen.

2. Eiweiß mit einer Prise Salz steif schlagen, vorsichtig unter die Kartoffel-Maronen-Masse ziehen und in eine Souffléform füllen. Souffléform auf eine mit Wasser gefüllte Fettpfanne oder eine flache Auflaufform setzen und im vorgeheizten Backofen bei 180 Grad (Gas: Stufe 2) ca. 20 Minuten backen.

3. Orange filetieren, Kiwi in Spalten schneiden. Vanillesauce auf einen Teller gießen, Orangen- und Kiwispalten dekorativ am Rand anrichten. Soufflé in die Tellermitte setzen und mit Puderzucker bestäubt servieren.

Für 1 Person:

4 Maronen
200 g Kartoffeln
200 ml Apfelsaft, ohne Zucker
200 ml Wasser
einige Tropfen flüssiger Süßstoff
2 Eiweiß
Salz
1 Orange
1 Kiwi
3 EL Vanillesauce, Fertigprodukt
½ TL Puderzucker

Zubereitungszeit: ca. 15 Minuten
Garzeit: ca. 35 Minuten

Pro Person: 6 Points

KARTOFFELWAFFELN MIT LAUCH

Für 1 Person:

1 kleine Stange Lauch
250 g Kartoffeln
2 EL geriebener Emmentaler (30% Fett i. Tr.)
1 Ei
4 TL Kondensmilch (4% Fett)
1 EL Kartoffelstärke
Salz
Pfeffer
½ Knoblauchzehe
2 EL saure Sahne
1 TL gehackte Gartenkräuter

1. Lauch in feine Ringe schneiden und kurz blanchieren. Kartoffeln reiben und mit Lauchringen, Emmentaler, Ei, Kondensmilch und Kartoffelstärke vermengen. Kartoffel-Lauch-Masse mit Salz und Pfeffer würzen.

2. Ein beschichtetes Waffeleisen erhitzen und nacheinander 2 Waffeln darin goldbraun backen. Knoblauchzehe fein hacken, mit saurer Sahne und Kräutern vermengen, mit Salz und Pfeffer abschmecken und zu den Waffeln servieren.

Zubereitungszeit: ca. 10 Minuten
Garzeit: ca. 25 Minuten

Pro Person: 7 Points

KARTOFFELTORTE MIT KRABBEN

Für 4 Personen:

2 Zwiebeln
1 Knoblauchzehe
1 kg gekochte Kartoffeln
2 TL Pflanzenöl
Salz
Pfeffer
200 g frische Nordseekrabben
½ TL gehackter Dill
4 Eier
100 g fettarmer Joghurt
1 Glas Orangensaft, ohne Zucker
einige Tropfen flüssiger Süßstoff
2 Äpfel
400 g Feldsalat

1. Zwiebeln würfeln, Knoblauchzehe hacken und Kartoffeln in dicke Scheiben schneiden. Öl in einer großen beschichteten Pfanne erhitzen, Knoblauch und Zwiebelwürfel darin andünsten. Kartoffelscheiben zugeben, mit Salz und Pfeffer würzen und unter ständigem Wenden leicht anbraten.

2. Krabben und Dill unter die Kartoffeln rühren. Eier verquirlen, über die Kartoffelmasse gießen und abgedeckt bei geringer Hitze ca. 10 Minuten stocken lassen.

3. Kartoffeltorte vorsichtig auf einen großen Teller oder Deckel gleiten lassen und umgedreht wieder in die Pfanne geben. Kartoffeltorte nochmals ca. 10 Minuten stocken lassen, auf eine Platte stürzen und in 4 Stücke schneiden.

4. Joghurt mit Orangensaft verrühren und mit Süßstoff, Salz und Pfeffer abschmecken. Äpfel in Spalten schneiden, mit dem Feldsalat anrichten, das Dressing darüber geben und zu der Kartoffeltorte servieren.

Zubereitungszeit: ca. 20 Minuten
Garzeit: ca. 25 Minuten

Pro Person: 6 Points

WINTERLICHE KARTOFFELPFANNE

Für 1 Person:

2 Stangen Lauch
3 Kartoffeln
1 TL Pflanzenmargarine
3 EL Mehl
150 ml Gemüsebrühe
(1 TL Instant)
1 Apfel
1 Prise geriebene Muskatnuss
Salz
Pfeffer
100 g Geflügelleber

1. Lauch in Ringe schneiden und Kartoffeln würfeln. Margarine in einer Pfanne erhitzen, Lauchringe und Kartoffelwürfel darin anschwitzen und zugedeckt ca. 10 Minuten garen.

2. 1 Esslöffel Mehl darüber stäuben und Gemüsebrühe angießen. Apfel in Spalten schneiden, hinzugeben und weitere 5 Minuten garen. Alles mit Muskatnuss, Salz und Pfeffer abschmecken.

3. Leber mit Pfeffer würzen und in restlichem Mehl wenden. Brat-Folie in einer Pfanne erhitzen und Leber darauf von jeder Seite ca. 3 Minuten braten. Kartoffel-Gemüsemasse mit Leber servieren.

Zubereitungszeit: ca. 10 Minuten
Garzeit: ca. 25 Minuten

Pro Person: 7 Points

ZWETSCHGEN-KNÖDEL

Für 1 Person:

300 g mehligkochende Kartoffeln
Salz
3 EL Mehl
1 TL Zucker
1 Eigelb
4 kleine Zwetschgen (100 g)
1 TL Margarine
1 EL Paniermehl
einige Blätter Zitronenmelisse

1. Geschälte Kartoffeln in Salzwasser ca. 15 Minuten kochen, ausdämpfen lassen und durch eine Kartoffelpresse drücken. Mehl, Zucker und Eigelb zugeben und alles zu einem geschmeidigen Teig verarbeiten.

2. Teig zu einer Rolle formen, in 4 gleich große Stücke teilen und mit der Handfläche flach drücken. Jeweils mit einer Zwetschge belegen, zu Knödeln formen und in reichlich Salzwasser ca. 20 Minuten gar ziehen lassen.

3. Margarine zerlassen und Paniermehl darin goldbraun rösten. Knödel mit Paniermehl bestreuen und mit Zitronenmelisse garniert servieren.

Zubereitungszeit: ca. 15 Minuten
Garzeit: ca. 30 Minuten

Pro Person: 7 Points

KARTOFFELKNÖDEL MIT PFIFFERLING-FÜLLUNG

1. Kartoffeln zerdrücken, mit Stärkemehl und Ei zu einer glatten Masse verkneten und mit Salz, Pfeffer und Muskatnuss würzen.

2. Pfifferlinge und Schalotte in kleine Würfel schneiden und in einer beschichteten Pfanne andünsten. Estragon zugeben und mit Salz und Pfeffer würzen.

3. Kartoffelmasse zu einer Rolle formen, in Scheiben schneiden, etwas flach drücken und in der Mitte mit ⅔ Pfifferling-Masse belegen. Teig darüber zusammendrücken und zu Klößen formen. Klöße in siedendem Salzwasser ca. 15 Minuten gar ziehen lassen.

4. Milch in die Pfanne zu den restlichen Pfifferlingen geben, aufkochen lassen, Saucenbinder zugeben und mit Salz und Pfeffer abschmecken.

5. Fix für Salatsauce nach Packungsanweisung mit Wasser zubereiten und mit Radicchio vermengen. Pfifferling-Knödel mit Sauce und Salat servieren.

Zubereitungszeit: ca. 20 Minuten
Garzeit: ca. 20 Minuten

Für 2 Personen:

400 g mehligkochende gekochte Kartoffeln
4 EL Stärkemehl
1 Ei
Salz
Pfeffer
1 Prise geriebene Muskatnuss
300 g Pfifferlinge
1 Schalotte
2 TL gehacktes Estragon
125 ml fettarme Milch
2 EL heller Saucenbinder (Instantpulver)
½ Päckchen Fix für Salatsauce
1 Radicchio

Pro Person: 4 Points

GEFÜLLTE FRÜHLINGS-KARTOFFELN

Für 4 Personen:

4 große festkochende gekochte Pellkartoffeln
1 kleine Aubergine
1 kleine Zucchini
1 rote Zwiebel
1 kleine Tomate
Salz
Pfeffer
2 TL gehackte, gemischte Kräuter
1 Kugel Mozzarella
150 g fettarmer Joghurt
3 EL fettarme Milch
1 kleine Knoblauchzehe
Paprikapulver

1. Von den Kartoffeln einen Deckel abschneiden und mit einem Teelöffel so aushöhlen, dass ein ca. 1 cm breiter Rand bleibt. Das Kartoffelinnere würfeln.

2. Aubergine, Zucchini, Zwiebel und Tomate würfeln, mit den Kartoffelwürfeln in einer beschichteten Pfanne fettfrei andünsten, mit Salz und Pfeffer pikant abschmecken und Kräuter untermischen.

3. Das Gemüse in die Kartoffeln füllen, Mozzarella würfeln und auf dem Gemüse verteilen. Kartoffeln in eine feuerfeste Form geben und bei 200 Grad (Gas: Stufe 3) ca. 15 Minuten überbacken.

4. Joghurt mit Milch verrühren. Knoblauchzehe hacken, zugeben, die Sauce mit Salz, Pfeffer und Paprikapulver pikant abschmecken und zu den gefüllten Kartoffeln servieren.

Zubereitungszeit: ca. 15 Minuten
Garzeit: ca. 20 Minuten

Pro Person: 4 Points

FARFALLE MIT KAROTTEN

Für 4 Personen:

240 g Schmetterlingsnudeln, trocken
Salz
1 kg Karotten
4 TL flüssiger Honig
Pfeffer
1 Liter Gemüsebrühe (4 TL Instant)
120 g saure Sahne
3 TL gehackte Mandeln

1. Nudeln in reichlich kochendem Salzwasser nach Packungsanweisung bissfest garen.

2. Karotten würfeln, in einer beschichteten Pfanne fettfrei andünsten und mit Honig, Salz und Pfeffer würzen. Brühe angießen und aufkochen lassen. 6 Esslöffel Karottenwürfel abnehmen, den Rest pürieren und aufkochen lassen.

3. Karottenwürfel unter die Sauce heben, saure Sahne einrühren und mit Salz und Pfeffer abschmecken. Nudeln mit Karottensauce anrichten und mit Mandeln bestreut servieren.

Zubereitungszeit: ca. 5 Minuten
Garzeit: ca. 15 Minuten

Pro Person: 5 Points

SPAGHETTI MIT PESTO

1. Spaghetti in reichlich kochendem Salzwasser nach Packungsanweisung bissfest garen.

2. Basilikum grob zerkleinern, mit Sonnenblumenkernen, Öl, Parmesan und Gemüsebrühe pürieren. Nach Wunsch mit Salz abschmecken.

3. Kopfsalat in mundgerechte Stücke zupfen, Gurke in Scheiben, Paprikaschote in Streifen und Tomaten in Spalten schneiden. Öl mit Essig verrühren, mit Salz, Pfeffer und Süßstoff abschmecken und mit den Salatzutaten vermengen. Spaghetti mit Pesto vermischen und mit Salat servieren.

Zubereitungszeit: ca. 10 Minuten
Garzeit: ca. 10 Minuten

Für 4 Personen:

240 g Spaghetti, trocken
Salz
2 Bund Basilikum
4 EL Sonnenblumenkerne
4 TL Olivenöl
4 EL geriebener Parmesan (32% Fett i. Tr.)
50 ml Gemüsebrühe (½ TL Instant)
1 Kopfsalat
1 Salatgurke
1 gelbe Paprikaschote
4 Tomaten
4 TL Pflanzenöl
4 TL Apfelessig
Pfeffer
einige Tropfen flüssiger Süßstoff

Pro Person: 7 Points

BANDNUDELN MIT GEMÜSESTREIFEN

Für 4 Personen:

2 Zucchini
4 Karotten
2 Stangen Lauch
240 g schmale Bandnudeln, trocken
4 EL Weinessig
Salz
240 g stückige Tomaten (Fertigprodukt)
8 EL Tomatenmark
2 TL Pflanzenöl
2 TL Paprikapulver
Pfeffer

1. Zucchini, Karotten und Lauch mit einem Sparschäler in feine, lange, dünne Streifen schneiden. Nudeln in reichlich Essig-Salzwasser nach Packungsanweisung bissfest garen.

2. Kurz vor Ende der Garzeit Gemüse zugeben und mitgaren. Tomaten mit Tomatenmark und Öl vermischen, mit Paprikapulver, Salz und Pfeffer abschmecken und mit den Gemüsenudeln servieren.

Zubereitungszeit: ca. 10 Minuten
Garzeit: ca. 10 Minuten

Pro Person: 3,5 Points

SPÄTZLE MIT KRÄUTER-KÄSESAUCE

1. Zwiebeln fein würfeln und in einer beschichteten Pfanne fettfrei andünsten. Milch angießen und Käse darin schmelzen.

2. Tomaten in Spalten, Frühlingszwiebeln in Ringe schneiden und vermengen. Essig und Öl verrühren, mit Salz, Pfeffer und Süßstoff abschmecken. Dressing zum Salat geben und kurz ziehen lassen.

3. Käsesauce mit Saucenbinder andicken, Petersilie und Schnittlauch unterrühren und mit Muskatnuss, Salz und Pfeffer abschmecken. Spätzle mit Kräuter-Käsesauce und Tomatensalat servieren.

Zubereitungszeit: ca. 5 Minuten
Garzeit: ca. 10 Minuten

Für 4 Personen:

3 Zwiebeln
500 ml fettarme Milch
120 g Edelpilzkäse (45% Fett i. Tr.)
500 g Tomaten
2 Frühlingszwiebeln
5 TL Obstessig
3 TL Sonnenblumenöl
Salz
Pfeffer
einige Tropfen flüssiger Süßstoff
2 EL heller Saucenbinder (Instantpulver)
4 EL gehackte Petersilie
4 EL Schnittlauchringe
2 Msp. geriebene Muskatnuss
360 g Spätzle, verzehrfertig

Pro Person: 6 Points

FUSILLI MIT GEMÜSE-KÄSE-SAUCE

Für 4 Personen:

240 g Fusilli, trocken
Salz
400 g Sellerie
400 g Champignons
3 kleine Zwiebeln
400 g Lauch
400 ml Gemüsebrühe
(2 TL Instant)
120 g saure Sahne
Pfeffer
1 TL Paprikapulver
4 EL geriebener Parmesan
(32% Fett i. Tr.)

1. Nudeln in reichlich kochendem Salzwasser nach Packungsanweisung bissfest garen.

2. Sellerie würfeln, Champignons in Scheiben, Zwiebeln in Ringe und Lauch in Streifen schneiden. Zwiebeln, Sellerie und Lauch in einer beschichteten Pfanne fettfrei anbraten. Pilze zugeben, mit Brühe ablöschen und einige Minuten köcheln.

3. Saure Sahne einrühren und die Sauce mit Salz, Pfeffer und Paprikapulver abschmecken. Nudeln mit Gemüsesauce anrichten und mit Parmesan bestreut servieren.

Zubereitungszeit: ca. 5 Minuten
Garzeit: ca. 10 Minuten

Pro Person: 4,5 Points

KÄSE MIT TRADITION

Parmesan, der berühmte italienische Käse, wird seit sieben Jahrhunderten auf die gleiche Weise hergestellt. Als Käse mit Ursprungsgarantie darf der Parmesan nur in einem kleinen begrenzten Gebiet hergestellt werden und unterliegt strengen Qualitätsregeln.
Aus 16 Litern Milch erhält man am Ende etwa 1 Kilogramm Parmigiano Reggiano. Sein Aroma ist delikat und würzig.
Vom Alter her lassen sich drei Gruppen unterscheiden: fresco (frisch) jünger als 18 Monate, vecchio (alt) zwischen 18 und 24 Monate und stravecchio (extra alt) zwischen 24 und 36 Monate.

KÄSE-WIRSING-MAKKARONI

Für 4 Personen:

240 g Makkaroni, trocken
Salz
4 Tomaten
2 kleine Zwiebeln
1 Wirsing
480 g Tatar
200 ml Fleischbrühe (1 TL Instant)
100 g Schmelzkäse (25% Fett i. Tr.)
Pfeffer
2 Msp. geriebene Muskatnuss

1. Makkaroni in reichlich kochendem Salzwasser nach Packungsanweisung bissfest garen.

2. Tomaten kreuzweise einschneiden, mit heißem Wasser überbrühen, häuten, halbieren und entkernen. Tomatenfleisch und Zwiebeln würfeln, Wirsing in Streifen schneiden.

3. Zwiebeln in einer beschichteten Pfanne fettfrei andünsten. Tatar zufügen und krümelig durchbraten. Wirsing und Tomaten zufügen, mit Brühe ablöschen, Schmelzkäse einrühren und ca. 8 Minuten garen. Mit Pfeffer und Muskatnuss abschmecken. Makkaroni mit Käse-Wirsing-Sauce servieren.

Zubereitungszeit: ca. 10 Minuten
Garzeit: ca. 15 Minuten

Pro Person: 6 Points

SPAGHETTI MIT ZIEGENKÄSE

1. Rote Bete in Salzwasser ca. 20 Minuten garen, schälen und in feine Scheiben hobeln. (Konservierte Rote Bete abtropfen lassen und hobeln.)

2. Nudeln in reichlich Salzwasser nach Packungsanweisung bissfest garen.

3. Champignons in Scheiben schneiden. Essig und Öl verrühren, mit Salz, Pfeffer und Süßstoff abschmecken und mit Champignonscheiben und Feldsalat vermengen.

4. Honig erwärmen, mit Frischkäse verrühren und mit Rosmarin, Salz und Pfeffer würzen. Spaghetti und Rote Bete mischen, auf Teller verteilen, Ziegenfrischkäse darüber geben und mit Feldsalat servieren.

Zubereitungszeit: ca. 20 Minuten
Garzeit: ca. 20 Minuten

Für 4 Personen:

4 Knollen Rote Bete (ersatzweise 300 g Konserve)
Salz
240 g Spaghetti, trocken
200 g Champignons
4 TL Balsamicoessig
2 TL Pflanzenöl
Pfeffer
einige Tropfen flüssiger Süßstoff
300 g Feldsalat
4 TL Honig
5 EL Ziegenfrischkäse (50 % Fett i. Tr.)
1 TL Rosmarin

Pro Person: 5 Points

NUDELN MIT SEEZUNGENSTREIFEN

Für 4 Personen:

8 Seezungenfilets (à 70 g)
2 TL Zitronensaft
Salz
4 Karotten
2 Stangen Lauch
1 Sellerieknolle
200 ml weißer Traubensaft, ohne Zucker
125 ml fettarme Milch
2 EL heller Saucenbinder (Instantpulver)
4 Tomaten
1 TL gehackter Dill
3 TL Kerbel
weißer Pfeffer
540 g gegarte Nudeln

1. Seezungenfilets säubern, mit Zitronensaft säuern und salzen. Fisch in Streifen schneiden und in einer beschichteten Pfanne mit wenig Wasser fettfrei dünsten. Fisch herausnehmen und warm stellen.

2. Karotten, Lauch und Sellerie fein würfeln und in der Pfanne anrösten. Traubensaft angießen und zugedeckt ca. 10 Minuten garen. Milch angießen und mit Saucenbinder andicken.

3. Tomaten mit kochendem Wasser überbrühen, häuten, halbieren und entkernen. Tomaten würfeln und mit Dill und Kerbel in die Gemüsesauce geben. Mit Salz und Pfeffer abschmecken und mit Seezungenstreifen auf Nudeln anrichten.

Zubereitungszeit: ca. 20 Minuten
Garzeit: ca. 20 Minuten

Pro Person: 5 Points

SPAGHETTI MIT PILZSAUCE

1. Spaghetti nach Packungsanweisung in reichlich Salzwasser bissfest garen.

2. Zwiebeln und Schinken würfeln und in einer beschichteten Pfanne fettfrei goldbraun braten. Champignons vierteln, Pfifferlinge halbieren, zugeben und ca. 5 Minuten schmoren. Frischkäse einrühren und mit Salz und Pfeffer würzen.

3. Knoblauchzehe zerdrücken und mit Kräutern unter die Spaghetti mengen. Spaghetti mit Pilzsauce servieren.

Zubereitungszeit: ca. 10 Minuten
Garzeit: ca. 20 Minuten

Für 4 Personen:

240 g Spaghetti, trocken
Salz
3 Zwiebeln
8 Scheiben roher Schinken, ohne Fett
200 g Champignons
250 g Pfifferlinge
120 g Frischkäse (30 % Fett i. Tr.)
Pfeffer
1 Knoblauchzehe
4 EL gemischte Kräuter

Pro Person: 5 Points

BANDNUDELN MIT LACHSSAUCE

Für 4 Personen:

240 g Bandnudeln, trocken
Salz
2 Schalotten
200 ml Gemüsebrühe (1 TL Instant)
120 g Räucherlachs
300 g Kirschtomaten
Pfeffer
1 Bund Schnittlauch
250 g fettarmer Joghurt
1 Salatgurke
1 gelbe Paprikaschote
1 Schalotte
1 kleiner Radicchio
1 EL Zitronensaft
2 EL Weißweinessig
1 TL mittelscharfer Senf
4 EL Gemüsebrühe (1 Msp. Instant)
einige Tropfen flüssiger Süßstoff

1. Nudeln in reichlich kochendem Salzwasser nach Packungsanweisung bissfest garen. Schalotten würfeln, in einer beschichteten Pfanne kurz andünsten und mit Brühe ablöschen. Räucherlachs in Streifen schneiden, Kirschtomaten vierteln, beides zugeben und mit Salz und Pfeffer abschmecken.

2. Schnittlauch in Ringe schneiden, mit dem Joghurt unterrühren und nicht mehr aufkochen. Salatgurke halbieren und in Halbmonde schneiden, Paprikaschote und Schalotte würfeln und Radicchio in mundgerechte Stücke zupfen. Zitronensaft, Essig, Senf und Brühe verrühren, mit Salz, Pfeffer und Süßstoff abschmecken und mit den Salatzutaten vermengen. Bandnudeln auf 4 Tellern verteilen, mit der Sauce anrichten und Salat dazu servieren.

Zubereitungszeit: ca. 10 Minuten
Garzeit: ca. 10 Minuten

Pro Person: 4,5 Points

PENNE ALL' ARRABBIATA

(NUDELN MIT SCHARFER CHILISAUCE)

1. Penne nach Packungsanweisung in Salzwasser bissfest garen. Knoblauchzehe zerdrücken. Zwiebeln fein würfeln, Chilischoten entkernen, in Ringe und Oliven in Scheiben schneiden.

2. Knoblauch mit Zwiebeln und Chili in einer Pfanne fettfrei kurz anrösten. Mit Tomaten ablöschen und mit Salz, Pfeffer und Paprikapulver kräftig würzen. Oliven unterheben und bei milder Hitze ca. 10 Minuten garen.

3. Für den Salat Paprikaschoten und Champignons in feine Würfel schneiden und vermengen. Kopfsalat in mundgerechte Stücke zupfen, auf Tellern anrichten und Paprikagemüse darauf verteilen. Essig mit Senf und Kräutern verrühren und Öl unterschlagen. Dressing mit Salz, Pfeffer und Süßstoff abschmecken, über den Salat träufeln und kurz ziehen lassen.

4. 1 Esslöffel Petersilie unter die Tomatensauce geben. Anschließend mit Pfeffer und Paprikapulver abschmecken. Penne all'arrabbiata mit restlicher Petersilie bestreuen und zum Paprikasalat servieren.

Zubereitungszeit: ca. 10 Minuten
Garzeit: ca. 20 Minuten

Für 4 Personen:

160 g Penne, trocken
Salz
1 Knoblauchzehe
2 kleine Zwiebeln
2 rote Chilischoten
10 schwarze Oliven, ohne Kern
800 g geschälte Tomaten (Konserve)
Pfeffer
Paprikapulver
2 EL gehackte Petersilie

FÜR DEN PAPRIKASALAT:

je 1 rote und gelbe Paprikaschote
250 g Champignons
1 Kopfsalat
3 EL Weißweinessig (ersatzweise Obstessig)
1 TL süßer Senf
2 TL gehackte, gemischte Kräuter
3 TL Olivenöl
einige Tropfen flüssiger Süßstoff

Pro Person: 4 Points

SPINAT-LASAGNE

Für 4 Personen:

4 Tomaten
2 Zwiebeln
2 Knoblauchzehen
2 TL Olivenöl
1 kg frischer Blattspinat (ersatzweise TK)
Salz
Pfeffer
1 Prise geriebene Muskatnuss
4 TL Pflanzenmargarine
2 EL Mehl
500 ml fettarme Milch
100 ml Gemüsebrühe (1 TL Instant)
12 grüne Lasagne-Platten, trocken
2 EL geriebener Käse (32 % Fett i. Tr.)

1. Tomaten, Zwiebeln und Knoblauchzehen fein würfeln und in erhitztem Öl andünsten. Spinat zugeben, zusammenfallen lassen und mit Salz, Pfeffer und Muskatnuss würzen.

2. Margarine zerlassen, Mehl darüber stäuben, Milch und Brühe unter Rühren zugeben, aufkochen lassen und mit Salz, Pfeffer und Muskatnuss würzen.

3. Den Boden einer flachen, rechteckigen Auflaufform mit etwas heller Sauce begießen, mit einer Schicht Lasagne-Platten auslegen, mit Spinatmasse belegen und mit etwas Sauce begießen. Das Ganze wiederholen und mit Sauce abschließen. Spinat-Lasagne mit Käse bestreut im vorgeheizten Backofen bei 200 Grad (Gas: Stufe 2) ca. 30 Minuten backen.

Zubereitungszeit: ca. 15 Minuten
Garzeit: ca. 40 Minuten

Pro Person: 6 Points

FAMILY-GEMÜSE-NUDEL-AUFLAUF

1. Zwiebeln würfeln, Knoblauchzehen zerdrücken und Schinken in Streifen schneiden. Margarine in einer beschichteten Pfanne erhitzen, Zwiebeln, Knoblauch und Schinken darin andünsten. Karotten in Scheiben, Zucchini halbieren und in Halbmonde schneiden, Champignons vierteln und Tomaten würfeln. Gemüse mit Zuckererbsenschoten in die Pfanne geben und ca. 5 Minuten garen.

2. Milch angießen, Saucenbinder einstreuen, aufkochen lassen, Kräuterfrischkäse einrühren und kräftig mit Salz, Pfeffer und Muskatnuss abschmecken. Mais und Erbsen unterheben, mit den Nudeln abwechselnd in eine Auflaufform schichten und im vorgeheizten Backofen bei 180 Grad (Gas: Stufe 2) ca. 20 Minuten backen.

Zubereitungszeit: ca. 15 Minuten
Garzeit: ca. 25 Minuten

Für 4 Personen:

2 Zwiebeln
2 Knoblauchzehen
100 g gekochter Schinken
1 TL Pflanzenmargarine
150 g Karotten
1 Zucchini
200 g Champignons
6 Tomaten
100 g Zuckererbsenschoten
250 ml fettarme Milch
2 EL heller Saucenbinder (Instantpulver)
6 EL Kräuterfrischkäse (30 % Fett i. Tr.)
Salz
Pfeffer
1 Prise geriebene Muskatnuss
6 EL Mais (Konserve)
4 EL Erbsen (ersatzweise TK)
540 g gegarte, bunte Schleifennudeln

Pro Person: 5,5 Points

PENNE-FENCHEL-PFANNE

Für 4 Personen:

4 Zwiebeln
4 Fenchelknollen
400 g passierte Tomaten (Konserve)
Salz
Pfeffer
Paprikapulver
Rosmarin
480 g gegarte Penne
4 EL geriebener Parmesan (32 % Fett i. Tr.)

1. Zwiebeln in Spalten, Fenchel in Streifen schneiden und etwas Fenchelgrün beiseite stellen. Zwiebeln und Fenchel in einer beschichteten Pfanne fettfrei ca. 10 Minuten andünsten. Passierte Tomaten angießen, mit Salz, Pfeffer, Paprikapulver und Rosmarin würzen.

2. Penne unter die Fenchel-Pfanne heben und weitere ca. 5 Minuten zusammen garen. Penne-Fenchel-Pfanne mit Salz, Pfeffer und Paprikapulver abschmecken und mit Parmesan bestreut servieren.

Zubereitungszeit: ca. 5 Minuten
Garzeit: ca. 15 Minuten

Pro Person: 2,5 Points

CANNELLONI MIT FRISCHKÄSEFÜLLUNG

1. Zwiebel und Knoblauchzehen fein würfeln und in einer beschichteten Pfanne fettfrei anbraten. 3 Teelöffel Basilikum und Tomaten hinzugeben. Masse aufkochen und mit Salz und Pfeffer abschmecken.

2. Paprikaschoten überbrühen, häuten, würfeln und mit 1 Esslöffel Wasser ca. 5 Minuten dünsten. Frischkäse hinzugeben, pürieren und Ei untermengen. Masse mit restlichem Basilikum, Salz, Pfeffer und Zitronensaft würzen.

3. Cannelloni mit Frischkäse-Paprikamasse füllen. Eventuell übrig bleibende Masse in eine flache Auflaufform geben, Cannelloni darauf setzen und Tomatensauce darüber gießen. Cannelloni mit Käse bestreut im vorgeheizten Backofen bei 175 Grad (Gas: Stufe 2) ca. 40 Minuten garen.

4. Kopfsalat in mundgerechte Stücke zupfen und mit Bohnen vermengen. Für das Dressing Joghurt mit Essig und Thymian verrühren und mit Salz und Pfeffer abschmecken. Salat mit Dressing vermischen und zu den Cannelloni servieren.

Zubereitungszeit: ca. 20 Minuten
Garzeit: ca. 50 Minuten

Für 2 Personen:

1 Zwiebel
2 Knoblauchzehen
5 TL gehacktes Basilikum
400 g geschälte Tomaten (Konserve)
Salz
Pfeffer
2 gelbe Paprikaschoten
5 EL Frischkäse (30% Fett i. Tr.)
1 Ei
1 TL Zitronensaft
8 Cannelloni, trocken
3 EL geriebener Käse (32% Fett i. Tr.)
1 Kopfsalat
3 EL weiße Bohnen (Konserve)
50 g fettarmer Joghurt
3 TL Balsamicoessig
½ TL Thymian

Pro Person: 6 Points

NUDEL-ZUCCHINI-AUFLAUF

Für 4 Personen:

240 g Makkaroni, trocken
Salz
3 Zucchini
1 TL Halbfettmargarine
Pfeffer
150 g fettarmer Joghurt
125 ml fettarme Milch
3 Eier
3 EL Schnittlauchringe
Paprikapulver
6 EL geriebener Käse
(32% Fett i. Tr.)

1. Makkaroni in Salzwasser nach Packungsanweisung bissfest garen.

2. Zucchini in dünne Scheiben schneiden. Auflaufform mit Margarine einfetten. Makkaroni und Zucchinischeiben abwechselnd in die Auflaufform einschichten und pfeffern.

3. Joghurt mit Milch, Eiern und Schnittlauchringen verrühren, mit Salz, Pfeffer und Paprikapulver würzen. Ei-Milch über den Auflauf gießen, mit Käse bestreuen und im vorgeheizten Backofen bei 200 Grad (Gas: Stufe 3) ca. 35 Minuten backen.

Zubereitungszeit: ca. 30 Minuten
Garzeit: ca. 50 Minuten

Pro Person: 6 Points

NASI GORENG

Für 4 Personen:

FÜR DAS NASI GORENG:
4 Eier
Salz
Pfeffer
Paprikapulver
2 Zwiebeln
2 Knoblauchzehen
320 g gegarter Reis
3 EL süße Sojasauce (Ketchup Manis)
1 TL Sambal Oelek

FÜR DEN ANANAS-GURKEN-SALAT:
1 frische Ananas (ersatzweise 400 g Konserve, ohne Zucker)
1 Salatgurke
1 Bund Frühlingszwiebeln
1 Knoblauchzehe
3 EL helle Sojasauce
2 EL Reisessig (ersatzweise Weißweinessig)
2 TL Erdnussöl (ersatzweise Pflanzenöl)
einige Tropfen flüssiger Süßstoff

1. Spiegeleier nacheinander in einer beschichteten Pfanne knusprig anbraten, mit Salz, Pfeffer und Paprikapulver würzen und beiseite stellen. Zwiebeln in feine Ringe schneiden, Knoblauchzehen zerdrücken und beides glasig andünsten. Reis zufügen und unter Rühren anbraten. Sojasauce und Sambal Oelek unterrühren, mit Salz und Pfeffer abschmecken und ca. 5 Minuten garen.

2. Für den Salat Ananas und Gurke in Würfel und Frühlingszwiebeln in Ringe schneiden. Alle Zutaten in eine Schüssel geben und vermengen. Für das Dressing Knoblauchzehe zerdrücken, mit heller Sojasauce, Essig und Öl verrühren. Mit Süßstoff abschmecken und über den Salat geben. Spiegeleier auf dem Reis anrichten. Nasi Goreng mit Ananas-Gurken-Salat servieren.

Zubereitungszeit: ca. 10 Minuten
Garzeit: ca. 15 Minuten

Pro Person: 4,5 Points

PAELLA

1. Hähnchenflügel trocken tupfen und von beiden Seiten mit Salz, Pfeffer und Paprikapulver bestreuen. Öl in einer großen Pfanne erhitzen, Hähnchenflügel darin von beiden Seiten ca. 5 Minuten knusprig anbraten, herausnehmen und beiseite stellen. Garnelen in die gleiche Pfanne geben, im verbliebenen Fett ca. 4 Minuten von allen Seiten anbraten.

2. Paprikaschoten in Streifen schneiden. Tomaten kreuzweise einritzen, überbrühen, häuten, entkernen und in Würfel schneiden. Garnelen herausnehmen, Reis in die Pfanne geben und glasig andünsten. Paprikastreifen und Tomatenwürfel hinzugeben, mit Salz, Pfeffer und Paprikapulver würzen und ca. 2 Minuten andünsten. Safran in der Brühe auflösen und angießen. Paella bei milder Hitze ca. 15 Minuten garen.

3. Erbsen, Garnelen, Hähnchenflügel und Muscheln unterheben und ca. weitere 5 Minuten zusammen erhitzen. Paella mit Paprikapulver abschmecken und heiß servieren.

Zubereitungszeit: ca. 10 Minuten
Garzeit: ca. 30 Minuten

Für 4 Personen:

4 Hähnchenflügel (à 50 g), mit Haut
Salz
Pfeffer
Paprikapulver
3 TL Olivenöl
20 mittelgroße Garnelen, ohne Schale (120 g)
je 1 rote, gelbe und grüne Paprikaschote
4 mittelgroße Tomaten
160 g Reis, trocken
1 Prise Safran (ersatzweise Kurkuma)
500 ml Gemüsebrühe (3 TL Instant)
150 g Erbsen (TK)
200 g Muscheln (TK)

Pro Person: 5,5 Points

KREOLISCHE GARNELEN-REISPFANNE

Für 4 Personen:

1 Bund Frühlingszwiebeln
240 g Garnelen
3 TL Olivenöl
1 Knoblauchzehe
1 Zwiebel
je 3 gelbe und rote Paprikaschoten
80 g getrocknete Aprikosen
320 g gegarter Reis
1 EL rosa Pfefferkörner
150 ml Gemüsebrühe (1 TL Instant)
3 TL gehackte Cashewkerne
Salz
Pfeffer

1. Frühlingszwiebeln in Ringe schneiden, mit den Garnelen in erhitztem Öl andünsten. Knoblauchzehe, Zwiebel und Paprikaschoten in Würfel schneiden und ebenfalls mitdünsten. Getrocknete Aprikosen in feine Streifen schneiden und mit Reis und rosa Pfefferkörnern zugeben. Brühe angießen und alles ca. 10 Minuten garen.

2. Gehackte Cashewkerne unterheben und alles mit Salz und Pfeffer abschmecken.

Zubereitungszeit: ca. 15 Minuten
Garzeit: ca. 15 Minuten

Pro Person: 5 Points

SCHNELLE REISPFANNE

1. Reis in einer beschichteten Pfanne fettfrei anbraten, Paprikaschoten würfeln, mit Mais und Erbsen zu dem Reis geben und kurz mitdünsten.

2. Joghurt mit Kurkuma, Zitronensaft, Salz und Pfeffer abschmecken. Reispfanne auf Teller anrichten, Joghurt-Sauce darüber geben und mit Petersilie bestreut servieren.

Zubereitungszeit: ca. 5 Minuten
Garzeit: ca. 5 Minuten

Für 4 Personen:

480 g gegarter Basmati-Reis
je 2 rote und gelbe Paprikaschoten
200 g Mais (Konserve)
200 g Erbsen (TK)
2 Becher Magermilch-Joghurt (à 150 g)
1 ½ TL Kurkuma (ersatzweise Currypulver)
3 EL Zitronensaft
Salz
Pfeffer
4 EL gehackte Petersilie

Pro Person: 4,5 Points

GEMÜSE-RISOTTO

Für 4 Personen:

2 Zwiebeln
250 g Karotten
2 Zucchini
2 Stangen Lauch
200 g Zuckererbsenschoten
2 TL Olivenöl
240 g Risotto-Reis, trocken
500 ml Gemüsebrühe
(4 TL Instant)
6 Tomaten
2 TL Kräuter der Provence
Salz
Pfeffer
4 EL saure Sahne

1. Zwiebeln würfeln, Karotten und Zucchini halbieren und in Scheiben, Lauch in Ringe und Zuckererbsenschoten in Rauten schneiden. Olivenöl in einem Topf erhitzen, Gemüse zufügen und unter Rühren ca. 5 Minuten andünsten.

2. Risotto-Reis zufügen und glasig andünsten. 300 ml Gemüsebrühe angießen und bei kleiner Hitze ca. 15 Minuten garen, dabei ab und zu umrühren und restliche Brühe nach und nach angießen.

3. Tomaten mit kochendem Wasser überbrühen, häuten, entkernen und in Würfel schneiden. Tomaten mit Kräutern der Provence unter das Risotto rühren und weitere ca. 5 Minuten garen. Mit Salz und Pfeffer abschmecken und mit einem Klecks saurer Sahne servieren.

Zubereitungszeit: ca. 10 Minuten
Garzeit: ca. 25 Minuten

Pro Person: 4,5 Points

FENCHEL-RISOTTO

1. Zwiebeln würfeln. Öl in einem Topf erhitzen, Zwiebelwürfel und Reis darin glasig anschwitzen. Gemüsebrühe angießen und ca. 15 Minuten garen.

2. Fenchelgrün beiseite legen. Fenchel längs halbieren und in feine Streifen schneiden. Fenchelstreifen zum Risotto geben, weitere 10 Minuten garen und mit Salz und Pfeffer abschmecken.

3. Roquefort grob zerbröckeln oder in Würfel schneiden. Risotto auf Teller verteilen, Roquefort darüber streuen und mit Fenchelgrün bestreut servieren.

Zubereitungszeit: ca. 10 Minuten
Garzeit: ca. 25 Minuten

Für 4 Personen:

2 Zwiebeln
1 TL Pflanzenöl
180 g Rundkornreis, trocken
350 ml Gemüsebrühe
(1 TL Instant)
4 Knollen Fenchel
Salz
schwarzer Pfeffer,
grob geschrotet
100 g Roquefort

Pro Person: 5 Points

FRUCHTREIS MIT HÄHNCHENBRUST

Für 1 Person:

1 kleines Hähnchenbrustfilet (120 g)
Salz
Pfeffer
50 g Ananas
50 g Mango
1 Frühlingszwiebel
50 g Erdbeeren
120 g gegarter Reis

1. Hähnchenbrustfilet würfeln, mit Salz und Pfeffer würzen. Brat-Folie in einer Pfanne erhitzen und das Fleisch darauf von allen Seiten ca. 8 Minuten anbraten.

2. Ananas und Mango in Stücke, Frühlingszwiebel in Ringe schneiden und Erdbeeren vierteln. Reis mit Ananas- und Mangostücken, Zwiebeln und Erdbeeren vermengen. Hähnchenwürfel unter den Fruchtreis heben und servieren.

Zubereitungszeit: ca. 10 Minuten
Garzeit: ca. 8 Minuten

Pro Person: 5,5 Points

GEMÜSE-GERICHTE

PILZ-PFANNE MIT WILDREIS

Für 1 Person:

2 Lauchzwiebeln
100 g Champignons
100 g Austernpilze
100 g Pfifferlinge
120 g gegarter Wildreis
2 EL saure Sahne
Salz
Pfeffer
½ TL Majoran
1 EL gehackte Petersilie

1. Lauchzwiebeln in Ringe schneiden und in einer beschichteten Pfanne fettfrei andünsten. Champignons in Scheiben, Austernpilze in Streifen schneiden, mit den Pfifferlingen zu den Zwiebeln geben und mit andünsten.

2. Wildreis und 1 Esslöffel saure Sahne zugeben, unterrühren und mit Salz, Pfeffer und Majoran abschmecken. Wildreis-Pilz-Pfanne mit 1 Esslöffel saure Sahne und Petersilie garniert servieren.

Zubereitungszeit: ca. 10 Minuten
Garzeit: ca. 10 Minuten

Pro Person: 4 Points

BUNTER GEMÜSEAUFLAUF

1. Zwiebeln vierteln und Lauch in Ringe schneiden. Zucchini und Kartoffeln in Scheiben und Paprikaschoten in Streifen schneiden. Öl in einer Pfanne erhitzen, Zwiebeln und Lauchringe darin glasig dünsten. Zucchinischeiben und Paprikastreifen zufügen, mit Salz und Pfeffer würzen und unter Rühren ca. 5 Minuten garen.

2. Gemüse und Kartoffelscheiben abwechselnd in eine Auflaufform füllen. Schafkäse zerbröckeln, mit saurer Sahne, Milch und Kräutern verrühren und mit Salz und Pfeffer abschmecken.

3. Sauce über das Gemüse geben, Käse darüber streuen und im vorgeheizten Backofen bei 175 Grad (Gas: Stufe 2) ca. 15 Minuten überbacken.

Zubereitungszeit: ca. 15 Minuten
Garzeit: ca. 25 Minuten

Für 2 Personen:

2 Zwiebeln
2 Stangen Lauch
1 Zucchini
6 mittelgroße gekochte Kartoffeln
je 1 rote und gelbe Paprikaschote
1 TL Pflanzenöl
Salz
Pfeffer
1 EL Schafkäse (45% Fett i. Tr.)
6 EL saure Sahne
125 ml fettarme Milch
2 TL Kräuter der Provence
4 EL geriebener Emmentaler (30% Fett i. Tr.)

Pro Person: 6 Points

INDISCHES GEMÜSE-CURRY

Für 4 Personen:

4 Zwiebeln
2 Auberginen
8 Karotten
2 Fleischtomaten
1 rote Chilischote
3 TL Pflanzenöl
400 g grüne Bohnen (TK)
Salz, Pfeffer
1 TL Currypulver
½ TL Kurkuma (Gelbwurz)
2 EL Ketchup
3 EL Sojasauce
1 EL Tomatenmark
1 TL Zucker
250 g fettarmer Joghurt
200 g Erbsen (TK)
320 g gegarter Basmati & Thai Reis (z. B. Uncle Ben's)
einige Blätter glatte Petersilie

1. Zwiebeln vierteln, Auberginen in dünne und Karotten in breite Scheiben schneiden. Tomaten achteln, Chilischote entkernen und in Ringe schneiden. Öl in einem Topf erhitzen, vorbereitetes Gemüse mit Bohnen zufügen und kurz anbraten. Mit Salz, Pfeffer, Currypulver und Kurkuma würzen und unter Rühren ca. 4 Minuten dünsten.

2. Ketchup, Sojasauce, Tomatenmark, Zucker und Joghurt verrühren, angießen und ca. 5 Minuten garen. Erbsen unterrühren, abschmecken und weitere ca. 5 Minuten garen. Gemüse-Curry mit Reis und mit Petersilie garniert servieren.

Zubereitungszeit: ca. 10 Minuten
Garzeit: ca. 15 Minuten

Pro Person: 4 Points

Indische Currys

In Asien wird unter Curry ein Schmorgericht aus Geflügel, Fleisch, Fisch oder Gemüse verstanden und nicht ein Gewürz. Currys sind das Herz der indischen Küche. Seit Jahrhunderten kocht die indische Hausfrau Currys, dabei greift sie für ihre spezielle Curry-Gewürz-Mischung zu den unterschiedlichsten Gewürzen. Dazu gehören unbedingt Chili, Koriander, Kreuzkümmel und Kardamom. Die Chilis sind für die Farbe und die Schärfe des Currys verantwortlich.
Das Wort Curry stammt aus dem Tamilischen und bedeutet nichts weiter als »Gewürzsauce«. In der Kolonialzeit war den Briten das Zusammenfügen vieler unterschiedlicher Gewürze zu kompliziert. Sie ließen sich daher eine Art »Einheitsgewürzmischung« einfallen, die sie Curry nannten und nach Europa brachten. Im deutschen Sprachgebrauch ist Curry eine Mischung aus etwa zehn einzelnen Gewürzen, die heute in allen Küchen der Welt zu Hause ist.

GEMÜSE-ENCHILADAS MIT AVOCADOCREME

Für 4 Personen:

2 Zwiebeln
4 Knoblauchzehen
1 rote Chilischote
je 1 rote, gelbe und grüne Paprikaschote
2 Zucchini
6 Tomaten
100 ml Gemüsebrühe (1 TL Instant)
Kräutersalz
Cayennepfeffer
Koriander
1 kleine Avocado (100 g)
1 EL Jalapeñoschotenringe (Konserve, ersatzweise grüne Chilischoten)
1 EL Limettensaft
4 kleine Tortillafladen (à 30 g, Fertigprodukt)
11 EL geriebener Käse (32 % Fett i. Tr.)

Pro Person:

5 Points

1. Zwiebeln würfeln, 2 Knoblauchzehen und Chilischote fein hacken und alles in einer beschichteten Pfanne fettfrei andünsten. Paprikaschoten in Streifen, Zucchini halbieren und in Halbmonde, Tomaten in Würfel schneiden und mitdünsten. Gemüsebrühe angießen, bei mittlerer Hitze ca. 10 Minuten garen und mit Kräutersalz, Cayennepfeffer und Koriander pikant abschmecken.

2. Avocadofleisch in Würfel schneiden, restliche Knoblauchzehen zerdrücken, beides mit Jalapeñons und Limettensaft pürieren und mit Salz und Pfeffer pikant abschmecken.

3. Tortillafladen mit der Avocadocreme bestreichen und in der Mitte mit jeweils einem Teil des vorbereiteten Gemüses belegen. Fladen aufrollen und in eine Auflaufform setzen. Mit Käse bestreut im vorgeheizten Backofen bei 220 Grad (Gas: Stufe 3) ca. 5 Minuten goldbraun überbacken. Restliches Gemüse dazu servieren.

Zubereitungszeit: ca. 15 Minuten
Garzeit: ca. 15 Minuten

Guacamole: Pikante Avocadocreme

Auf der mexikanischen Speisekarte darf dieser pikante Dip auf gar keinen Fall fehlen. Püriertes Avocadofleisch ist die Grundlage dieser beliebten Creme, verfeinert mit einer kleinen Knoblauchnote und ein wenig Schärfe durch Chilis. Während die grünen »Beeren« noch vor 30 Jahren eine teure Delikatesse waren, sind sie heute auch bei uns in jedem Supermarkt zu finden. Mit einem kleinen Trick können auch Sie sich die schönste Avocado heraussuchen: Eine perfekt reife Avocado gibt sanftem Fingerdruck leicht nach, ohne matschig zu sein oder sich schwarz zu verfärben.

PAPRIKA MIT ZUCCHINIFÜLLUNG

Für 2 Personen:

1 Zucchini
2 EL gegarter Basmati-Reis
1 Ei
2 EL Kresse
Salz
Pfeffer
1 Prise geriebene Muskatnuss
2 rote Paprikaschoten
2 EL geriebener Käse (32% Fett i. Tr.)
3 Aprikosenhälften (Konserve ohne Zucker)
1 TL Tomatenmark

1. Zucchini in feine Stifte schneiden und mit Reis, Ei und Kresse vermengen. Mit Salz, Pfeffer und Muskatnuss würzen.

2. Paprikaschoten längs halbieren, Kerngehäuse eintfernen, Zucchinimasse einfüllen und mit Käse bestreut im vorgeheizten Backofen bei 180 Grad (Gas: Stufe 2) ca. 25 Minuten backen.

3. Aprikosen pürieren, mit Tomatenmark verrühren und mit Salz und Pfeffer abschmecken. Paprika mit Aprikosensauce servieren.

Zubereitungszeit: ca. 10 Minuten
Garzeit: ca. 25 Minuten

Pro Person: 2 Points

AUBERGINEN-GRATIN

1. Zwiebeln und Fleischtomaten würfeln, Knoblauchzehen zerdrücken. Auberginen in ca. ½ cm dicke Scheiben schneiden, mit Salz bestreuen, ruhen lassen, trocken tupfen und in einer beschichteten Pfanne nacheinander mit 2 Teelöffeln Öl von beiden Seiten ca. 2 Minuten anbraten.

2. Das restliche Olivenöl in einer Pfanne erhitzen. Tatar, Zwiebelwürfel und Knoblauch zufügen und ca. 5 Minuten anbraten. Tomatenwürfel und stückige Tomaten zugeben, Kräuter unterrühren und mit Salz und Pfeffer abschmecken.

3. Die Margarine zerlassen, Mehl darüber stäuben, Milch unter Rühren zugeben, aufkochen lassen und mit Salz, Pfeffer und Muskatnuss abschmecken. Auberginenscheiben mit Tatarmasse und heller Sauce abwechselnd in eine Auflaufform schichten und im vorgeheizten Backofen bei 200 Grad (Gas: Stufe 3) ca. 20 Minuten überbacken.

Zubereitungszeit: ca. 20 Minuten
Garzeit: ca. 35 Minuten

Für 4 Personen:

2 Zwiebeln
2 Fleischtomaten
2 Knoblauchzehen
4 Auberginen
Salz
3 TL Olivenöl
420 g Tatar (ersatzweise Geflügeltatar)
200 g stückige Tomaten (Konserve)
1 TL Thymian
1 TL Rosmarin
Pfeffer
4 TL Pflanzenmargarine
4 EL Mehl
500 ml fettarme Milch
1 Prise geriebene Muskatnuss

Pro Person: 5 Points

PAPRIKASCHOTEN MIT PIKANTER FÜLLUNG

Für 4 Personen:

40 g Grünkern
4 bunte Paprikaschoten
2 Zucchini
1 Stange Lauch
je ½ Bund Schnittlauch, Petersilie, Oregano
1 Knoblauchzehe
1 Chilischote
1 TL Olivenöl
1 Geflügelwurst, kalorienreduziert (100 g)
120 g Camembert (30 % Fett i. Tr.)
1 TL grüne Pfefferkörner
Kräutersalz
grober Pfeffer
150 ml Gemüsebrühe (1 TL Instant)
1 EL Tomatenmark
einige Tropfen flüssiger Süßstoff

1. Grünkern in 200 ml Wasser ca. 20 Minuten garen und 10 Minuten quellen lassen. Paprikaschoten der Länge nach halbieren und Kerngehäuse entfernen. Zucchini würfeln, Lauch in feine Ringe schneiden und Kräuter, Knoblauchzehe und Chilischote hacken.

2. Öl in einer Pfanne erhitzen und das vorbereitete Gemüse darin andünsten. Wurst in Scheiben schneiden und Käse würfeln. Grünkern abtropfen lassen und mit Wurst, Käse und grünem Pfeffer unter das Gemüse mischen. Mit Kräutersalz und Pfeffer würzen.

3. Mischung in die Paprikahälften füllen, in eine Auflaufform setzen, restliche Füllung zugeben, Gemüsebrühe angießen und im vorgeheizten Backofen bei 200 Grad (Gas: Stufe 3) ca. 30 Minuten backen. Paprikahälften herausnehmen und warm stellen. Gemüsefond noch mal erhitzen, Tomatenmark unterrühren und mit Salz, Pfeffer und Süßstoff abschmecken. Paprikaschoten mit Sauce servieren.

Zubereitungszeit: ca. 20 Minuten
Quellzeit: ca. 10 Minuten
Garzeit: ca. 50 Minuten

Pro Person: 3,5 Points

BROCCOLI-BLUMENKOHL-AUFLAUF

Für 4 Personen:

600 g Blumenkohl
600 g Broccoli
Salz
4 TL Pflanzenmargarine
2 EL Mehl
500 ml fettarme Milch
6 EL geriebener Käse
(32 % Fett i. Tr.)
2 EL gehackte Petersilie
Pfeffer
1 Prise Currypulver
2 EL Pinienkerne

1. Blumenkohl und Broccoli in Röschen teilen und in kochendem Salzwasser ca. 10 Minuten bissfest garen. Margarine zerlassen, Mehl darüber stäuben, Milch unter Rühren angießen, aufkochen lassen, 2 Esslöffel Käse und Petersilie unterrühren und mit Salz, Pfeffer und Currypulver abschmecken.

2. Blumenkohl und Broccoli in eine Auflaufform geben, mit der Sauce übergießen und mit Pinienkernen und restlichem Käse bestreut im vorgeheizten Backofen bei 200 Grad (Gas: Stufe 3) ca. 20 Minuten überbacken.

Zubereitungszeit: ca. 10 Minuten
Garzeit: ca. 35 Minuten

Pro Person: 3,5 Points

BOHNENGRATIN »TEXAS«

1. Grüne Bohnen, Kidneybohnen, Mais und Reis mischen und in eine Auflaufform geben.

2. Geflügelsalami, Paprikaschoten und Gemüsezwiebel würfeln, Knoblauchzehe und Chilischote fein hacken und alles in einer beschichteten Pfanne fettfrei andünsten. Stückige Tomaten zugeben, einige Minuten köcheln lassen und alles kräftig mit Salz, Pfeffer, Paprikapulver und Kreuzkümmel abschmecken.

3. Masse auf der Bohnen-Reis-Mischung verteilen, saure Sahne darüber streichen und im vorgeheizten Backofen bei 200 Grad (Gas: Stufe 3) ca. 20 Minuten überbacken.

Zubereitungszeit: ca. 10 Minuten
Garzeit: ca. 25 Minuten

Für 4 Personen:

500 g grüne Bohnen (Konserve)
5 EL Kidneybohnen (Konserve)
4 EL Mais (Konserve)
200 g gegarter Reis
100 g Geflügelsalami
2 rote Paprikaschoten
1 Gemüsezwiebel
1 Knoblauchzehe
1 Chilischote
500 g stückige Tomaten (Konserve)
Salz
Pfeffer
Paprikapulver
gemahlener Kreuzkümmel
120 g saure Sahne

Pro Person: 5 Points

OFENGEMÜSE MIT KÄSE-SAUCE

Für 4 Personen:

2 Kohlrabi
8 Karotten
320 g Kartoffeln
400 g Champignons
1 Bund Petersilie
Salz
grober Pfeffer
8 EL geriebener Käse (32 % Fett i. Tr.)
375 ml fettarme Milch
6 EL Frischkäse (30 % Fett i. Tr.)
4 TL Sesam

1. Kohlrabi und Karotten in Streifen, Kartoffeln und Champignons in Würfel schneiden. Petersilie fein hacken. Gemüse in eine Auflaufform schichten, mit Salz und Pfeffer würzen und mit Petersilie bestreuen.

2. Käse, Milch und Frischkäse verrühren, mit Salz und Pfeffer abschmecken, über das Ofengemüse geben und mit Sesam bestreuen. Im vorgeheizten Backofen bei 180 Grad (Gas: Stufe 2) ca. 40 Minuten garen.

Zubereitungszeit: ca. 10 Minuten
Garzeit: ca. 40 Minuten

Pro Person: 4 Points

Kohlrabi

Kohlrabi: das typisch deutsche Gemüse, nirgendwo sonst in Europa wird so viel angebaut und verzehrt. Selbst die Engländer nennen die weißen Knollen Kohlrabi. Die größten sind nicht unbedingt die besten, denn kleine haben einen feineren Geschmack und sind weniger holzig.
An frischen grünen Blättern erkennen Sie, ob die Knolle noch frisch ist. Im Gemüsefach des Kühlschranks bleibt das Gemüse ca. eine Woche lang frisch. Wird es zusätzlich in ein feuchtes Tuch gewickelt, verlängert sich die Haltbarkeit. Das knackige Gemüse kann roh wunderbar für Salate oder zum Dippen verwendet werden. Genauso gut schmeckt es in Suppen, Aufläufen oder als Beilage.

ROSENKOHL MIT KARTOFFELHAUBE

Für 4 Personen:

600 g gekochte Kartoffeln
250 ml fettarme Milch
Salz
Pfeffer
2 EL Schnittlauchringe
1 kg Rosenkohl
(ersatzweise 800 g TK)
3 Zwiebeln
4 dünne Scheiben
gekochter Schinken
Cayennepfeffer
Paprikapulver

1. Kartoffeln zerstampfen, mit Milch vermengen, mit Salz und Pfeffer abschmecken und Schnittlauchringe untermischen. Rosenkohl halbieren und in kochendem Wasser ca. 10 Minuten garen.

2. Zwiebeln und Schinken würfeln und in einer beschichteten Pfanne fettfrei anbraten. Rosenkohl zugeben und pikant mit Salz und Cayennepfeffer abschmecken.

3. Rosenkohlmasse in eine Auflaufform geben, Kartoffelmasse darüber streichen, mit Paprikapulver bestäuben und im vorgeheizten Backofen bei 200 Grad (Gas: Stufe 3) ca. 15 Minuten überbacken.

Zubereitungszeit: ca. 15 Minuten
Garzeit: ca. 30 Minuten

Pro Person: 3,5 Points

CHICORÉE-PFANNE MIT MANDARINEN

1. Chicorée in Streifen schneiden. Sojasauce in einer beschichteten Pfanne erhitzen, Chicoréestreifen zufügen und von allen Seiten ca. 3 Minuten andünsten.

2. Milch und Frischkäse glatt rühren, angießen und ca. 5 Minuten garen. Mit Zitronensaft, Süßstoff, Salz und Pfeffer abschmecken. Mandarinen gut abtropfen lassen, unter die Chicorée-Pfanne heben, aufkochen und mit Basmati-Reis servieren.

Zubereitungszeit: ca. 5 Minuten
Garzeit: ca. 10 Minuten

Für 2 Personen:

4 große Chicorée
2 TL Sojasauce
125 ml fettarme Milch
4 EL Frischkäse (30 % Fett i. Tr.)
2 TL Zitronensaft
einige Tropfen flüssiger Süßstoff
Salz
Pfeffer
200 g Mandarinen (Konserve ohne Zucker)
200 g gegarter Basmati-Reis

Pro Person: 4 Points

SCHMORGEMÜSE IN HELLER SAUCE

Für 4 Personen:

500 g Broccoli
3 EL Sojasauce
4 Zwiebeln
6 Tomaten
250 g Pilze (z. B. Austernpilze)
1 TL Pflanzenöl
2 Knoblauchzehen
125 ml Gemüsebrühe (1 TL Instant)
125 ml fettarme Milch
250 g fettarmer Joghurt
1 Msp. Pfeffer

1. Broccoli in Röschen teilen. Wasser mit 1 Esslöffel Sojasauce aufkochen, Broccoli zufügen und ca. 5 Minuten garen.

2. Zwiebeln sowie Tomaten achteln und Pilze halbieren. Öl in einer beschichteten Pfanne erhitzen und Zwiebelachtel darin andünsten. Broccoli, Tomatenachtel und Pilze hinzufügen und ca. 5 Minuten mitgaren. Knoblauchzehen zerdrücken und mit restlicher Sojasauce, Gemüsebrühe, Milch, Joghurt und Pfeffer verrühren. Sauce unter das Gemüse mischen und servieren.

Zubereitungszeit: ca. 30 Minuten
Garzeit: ca. 10 Minuten

Pro Person: 1 Point

Knoblauch, aromatische Power

Knoblauch gibt nicht nur vielen pikanten Gerichten die besondere Note, sondern ist auch für seine positive gesundheitliche Wirkung bekannt. Der Wirkstoff Allicin ist für den unbeliebten »Knoblauchduft«, der sich nach dem Verzehr im Atem bemerkbar macht, verantwortlich. Es gibt viele Tipps, den Geruch einzudämmen. Grundsätzlich verursacht gekochter Knoblauch weniger Körpergeruch. Nach dem Verzehr von frischem Knoblauch soll das Kauen von etwas Petersilie oder Pfefferminze den Atem reinigen.
Knoblauch lässt sich schnell und einfach schälen, wenn man die Knoblauchzehe mit einer Messerklinge zerdrückt, denn dann löst sich das Häutchen fast wie von selbst ab.

RATATOUILLE MIT COUSCOUS

Für 4 Personen:

240 g Couscous, trocken
2 Zwiebeln
1 Knoblauchzehe
2 TL Olivenöl (ersatzweise Pflanzenöl)
4 Karotten
2 mittelgroße Auberginen
100 g Kichererbsen (Konserve)
800 g geschälte Tomaten (Konserve)
Salz
Pfeffer
1 Prise Zimt
1 Nelke
½ TL Chilipulver (ersatzweise Paprikapulver)
1 TL Kräuter der Provence

Pro Person: 4 Points

1. Couscous gründlich waschen und in kaltem Wasser einige Minuten quellen lassen. Zwiebeln in Spalten schneiden und Knoblauchzehe zerdrücken. Öl in einem Topf erhitzen, Zwiebeln und Knoblauch darin glasig andünsten.

2. Karotten und Auberginen in grobe Stücke schneiden, mit Kichererbsen zufügen und unter Rühren kurz anbraten. Mit Tomaten ablöschen, mit Salz, Pfeffer, Zimt, Nelke, Chilipulver und Kräutern der Provence würzen und ca. 10 Minuten garen.

3. Couscous in ein Sieb füllen, in den Topf hängen und im Dampf ca. 10 Minuten garen. Ratatouille abschmecken und mit Couscous servieren.

Zubereitungszeit: ca. 10 Minuten
Garzeit: ca. 25 Minuten

Tipp

Sie können die Ratatouille-Pfanne auch mit Nudeln servieren, nehmen Sie dann ersatzweise 480 g gegarte Nudeln, rühren Sie sie unter das Ratatouille und berechnen dann pro Person 3 Points.

PILZ-LAUCH-PFANNE MIT GORGONZOLA

1. Zwiebeln fein würfeln. Champignons vierteln, Austernpilze in Stücke und Lauch in Ringe schneiden. Öl in einer Pfanne erhitzen, Zwiebeln zufügen und unter Rühren glasig anbraten. Pilze und Lauch zufügen, mit Salz, Pfeffer und Currypulver würzen und unter Rühren ca. 5 Minuten andünsten.

2. Milch angießen, erhitzen, Saucenbinder einrühren und aufkochen lassen. Knoblauchzehe halbieren. Brot mit Knoblauchzehe einreiben, auf ein mit Back-Folie ausgelegtes Backblech setzen und im vorgeheizten Backofen bei 200 Grad (Gas: Stufe 3) ca. 5 Minuten rösten. Gorgonzola fein würfeln, mit der Petersilie unter die Pilz-Lauch-Pfanne rühren, kräftig abschmecken und mit geröstetem Brot servieren.

Zubereitungszeit: ca. 5 Minuten
Garzeit: ca. 15 Minuten

Für 2 Personen:

2 Zwiebeln
300 g Champignons
200 g Austernpilze
2 große Stangen Lauch
2 TL Pflanzenöl
Salz
Pfeffer
Currypulver
180 ml fettarme Milch
1 EL heller Saucenbinder (Instantpulver)
1 Knoblauchzehe
2 Scheiben Bauernbrot
60 g Gorgonzola
2 EL gehackte Petersilie

Pro Person: 7 Points

SCHNELLE GEMÜSE-WÜRSTCHEN-PFANNE

Für 4 Personen:

1 kg gekochte Kartoffeln
4 Geflügelwürste, kalorienreduziert (à 100 g)
2 TL Pflanzenöl
Salz
Pfeffer
Paprikapulver
300 g Kirschtomaten
6 Gewürzgurken
200 g Silberzwiebeln

1. Kartoffeln vierteln, Geflügelwürste in Scheiben schneiden. Öl in einer beschichteten Pfanne erhitzen, Kartoffelviertel und Wurstscheiben zufügen, mit Salz, Pfeffer und Paprikapulver kräftig würzen und von allen Seiten ca. 10 Minuten knusprig anbraten.

2. Kirschtomaten halbieren und Gewürzgurken in Scheiben schneiden. Kirschtomaten mit Gurken und Silberzwiebeln zugeben und weitere ca. 5 Minuten schmoren. Gemüse-Würstchen-Pfanne mit Salz, Pfeffer und Paprikapulver abschmecken und servieren.

Zubereitungszeit: ca. 5 Minuten
Garzeit: ca. 15 Minuten

Pro Person: 7,5 Points

ROTKOHL-KARTOFFEL-PFANNE

Für 4 Personen:

2 Schalotten
(ersatzweise Zwiebeln)
240 g Tatar
(ersatzweise Geflügeltatar)
Salz
Pfeffer
Paprikapulver
2 säuerliche Äpfel
(z. B. Cox Orange)
600 g Rotkohl,
ohne Fett und Zucker
(Konserve oder TK)
1 TL Kümmel
800 g gekochte Kartoffeln

1. Schalotten fein würfeln und in einer beschichteten Pfanne glasig andünsten. Tatar zufügen, mit Salz, Pfeffer und Paprikapulver würzen und krümelig anbraten.

2. Äpfel in feine Würfel schneiden, kurz mitdünsten und Rotkohl zufügen. Mit Kümmel, Salz und Pfeffer würzen und ca. 10 Minuten schmoren. Kartoffeln in Würfel schneiden, unterheben und kurz erhitzen. Die Rotkohl-Kartoffel-Pfanne mit Salz und Pfeffer abschmecken und servieren.

Zubereitungszeit: ca. 5 Minuten
Garzeit: ca. 15 Minuten

Pro Person: 3 Points

SCHWARZWURZEL-GEMÜSE IN SENFSAUCE

Für 2 Personen:

500 g Schwarzwurzeln
Salz
einige Tropfen flüssiger Süßstoff
3 TL Zitronensaft
200 g Champignons
100 g Zuckererbsenschoten
2 TL Pflanzenmargarine
2 EL Mehl
125 ml fettarme Milch
Pfeffer
2 TL süßer Senf
2 EL gehackte Petersilie
1 TL bunter Pfeffer
400 g kleine gekochte Pellkartoffeln

1. Schwarzwurzeln in mundgerechte Stücke schneiden und in Salzwasser mit Süßstoff und 1 Teelöffel Zitronensaft ca. 15 Minuten kochen. Champignons vierteln und mit den Zuckererbsenschoten ca. 5 Minuten vor Ende der Garzeit zu den Schwarzwurzeln geben. Gemüse abgießen und das Kochwasser dabei auffangen.

2. Margarine in einem Topf zerlassen, mit Mehl bestäuben und darin anschwitzen. Mit 250 ml Schwarzwurzel-Kochwasser und Milch unter Rühren ablöschen und mit Salz, Pfeffer, Senf und restlichem Zitronensaft abschmecken. Gemüse in die Sauce geben und ca. 5 Minuten ziehen lassen. Schwarzwurzelgemüse mit Petersilie und buntem Pfeffer bestreuen und zu den Pellkartoffeln servieren.

Zubereitungszeit: ca. 10 Minuten
Garzeit: ca. 20 Minuten

Pro Person: 4,5 Points

SELLERIESCHNITZEL MIT MANGO-MEERRETTICH-SAUCE

Für 4 Personen:

2 Sellerieknollen
2 TL Zitronensaft
Salz
Pfeffer
3 TL Pflanzenöl
1 kleine Mango
2 Schalotten
2 EL saure Sahne
2 TL Weißweinessig
400 ml Geflügelfond (ersatzweise Gemüsebrühe)
2 EL Meerrettich
einige Tropfen flüssiger Süßstoff
480 g Kartoffelpüree/-stock, verzehrfertig

1. Sellerie schälen, in fingerdicke Scheiben schneiden, in kochendem Wasser mit Zitronensaft ca. 10 Minuten garen, herausnehmen und mit Salz und Pfeffer würzen. 2 Teelöffel Öl in einer beschichteten Pfanne erhitzen, Sellerieschnitzel darin von beiden Seiten anbraten und warm stellen.

2. Mango und Schalotten würfeln. Restliches Öl in einer Pfanne erhitzen und Schalottenwürfel darin glasig dünsten. Mangostücke zugeben, saure Sahne, Essig und Geflügelfond einrühren und ca. 3 Minuten dünsten, bis die Masse um die Hälfte reduziert ist. Sauce pürieren, Meerrettich unterziehen, mit Salz, Pfeffer und Süßstoff abschmecken. Sellerieschnitzel mit Mango-Meerrettich-Sauce und Kartoffelpüree servieren.

Zubereitungszeit:ca. 10 Minuten
Garzeit: ca. 15 Minuten

Pro Person: 3 Points

TÜRKISCHER WIRSING MIT TOMATENSAUCE

1. Zwiebel fein würfeln. Brötchen in Wasser einweichen und gut ausdrücken. Tatar mit Zwiebelwürfeln, Brötchen, Ei und Senf verkneten und mit Salz und Pfeffer würzen.

2. Wirsingblätter vorsichtig vom Kohl lösen, sodass sie nicht vom Strunk abknicken. Tatarmasse zwischen die einzelnen Blätter streichen, die Blätter fest andrücken und den Wirsing mit Küchengarn zusammenbinden. Wirsing mit Brühe in einen Topf geben, aufkochen lassen und ca. 1 Stunde darin garen.

3. Tomaten mit kochendem Wasser überbrühen, häuten, entkernen und in Würfel schneiden. Knoblauchzehen zerdrücken und in einem beschichteten Topf fettfrei andünsten. Tomatenwürfel zufügen, etwas einkochen lassen und mit Salz, Pfeffer und Paprikapulver würzen. Saure Sahne mit Pfefferminze unterrühren, kurz erhitzen und zum Wirsing mit Fladenbrot servieren.

Für 4 Personen:

1 Zwiebel
1 Brötchen vom Vortag
240 g Tatar (ersatzweise Geflügeltatar)
1 Ei
1 EL Senf
Salz
Pfeffer
1 Kopf Wirsing
1 Liter Gemüsebrühe (4 TL Instant)
8 Tomaten
2 Knoblauchzehen
Paprikapulver
4 EL saure Sahne
2 EL gehackte Pfefferminze
200 g Fladenbrot

Zubereitungszeit: ca. 20 Minuten
Garzeit: 1 Stunde

Pro Person: 4,5 Points

GEFÜLLTE KOHLRABI AN TOMATEN-KAROTTEN-SAUCE

Für 4 Personen:

4 Kohlrabi
Salz
250 g Champignons
1 rote Paprikaschote
2 TL Pflanzenöl
500 g Karotten
Pfeffer
2 TL Zitronensaft
1 TL Gemüsebrühe (Instant)
200 g stückige Tomaten (Konserve)
2 EL Tomatenmark
Paprikapulver
2 EL Petersilie

1. Kohlrabi schälen, aushöhlen und in Salzwasser ca. 10 Minuten garen. Champignons in Scheiben, Paprikaschote in Streifen schneiden und Kohlrabifleisch fein hacken. Öl in einer Pfanne erhitzen und das Gemüse ca. 5 Minuten darin andünsten.

2. Kohlrabi aus dem Topf herausnehmen, warm stellen und Kochwasser auffangen. Karotten in Würfel schneiden und im Kohlrabikochwasser ca. 10 Minuten garen. Champignon-Gemüse mit Salz, Pfeffer und 1 Teelöffel Zitronensaft abschmecken, in die Kohlrabi füllen und warm stellen.

3. Karotten abgießen, mit Brühe, Tomaten und Tomatenmark pürieren. Mit Salz, Pfeffer, Paprikapulver und dem verbliebenen Zitronensaft abschmecken. Sauce auf Teller verteilen, Kohlrabi darauf anrichten und mit Petersilie bestreut servieren.

Zubereitungszeit: ca. 10 Minuten
Garzeit: ca. 25 Minuten

Pro Person: 0,5 Points

GEMÜSESPIESSE MIT CURRY-SAUCE

1. Paprikaschoten, Zwiebeln und Zucchini in mundgerechte Stücke schneiden und zusammen mit Kirschtomaten abwechselnd auf Spieße reihen. Aus 4 Teelöffeln Öl, Salz, Pfeffer, Paprika- und Currypulver eine Marinade anrühren, die Spieße damit bestreichen und im vorgeheizten Backofen bei 200 Grad (Gas: Stufe 3) ca. 8–10 Minuten grillen.

2. Für die Sauce Schalotte, Apfel und Ananas würfeln. Pfirsich überbrühen, häuten, vom Stein lösen und ebenfalls würfeln. Restliches Öl in einer beschichteten Pfanne erhitzen und Schalottenwürfel darin andünsten. Pfirsich-, Ananas- und Apfelwürfel mit Currypulver und Brühe zugeben. Das Ganze ca. 5 Minuten einkochen lassen. Alles pürieren und mit saurer Sahne, Currypulver, Salz, Pfeffer und Zitronensaft abschmecken. Sauce zu den gegrillten Gemüsespießen und mit Wildreis servieren.

Zubereitungszeit: ca. 15 Minuten
Garzeit: ca. 15 Minuten

Für 4 Personen:

je 1 rote und gelbe Paprikaschote
2 Zwiebeln
1 Zucchini
8 Kirschtomaten
5 TL Pflanzenöl
Salz
Pfeffer
Paprikapulver
Currypulver
1 Schalotte
1 säuerlicher Apfel (z. B. Boskoop)
1 Scheibe Ananas (Konserve ohne Zucker)
1 Pfirsich
4 EL Gemüsebrühe (½ TL Instant)
2 EL saure Sahne
2 TL Zitronensaft
400 g gegarter Wildreis

Pro Person: 4 Points

SPARGEL MIT ESTRAGON-SAUCE

Für 4 Personen:

2 kg weißer und grüner Spargel
Salz
einige Tropfen flüssiger Süßstoff
300 ml Gemüsebrühe (2 TL Instant)
150 ml trockener Weißwein
180 g saure Sahne
2 TL Estragon
Salz
Pfeffer
½ TL scharfer Senf
1 EL heller Saucenbinder (Instantpulver)
1 kg gekochte kleine Kartoffeln

1. Spargel in Salzwasser mit etwas Süßstoff ca. 15 Minuten garen.

2. Brühe mit Wein erwärmen, saure Sahne zufügen und glatt rühren. Estragon unterheben und mit Salz, Pfeffer, Senf und Süßstoff abschmecken. Saucenbinder einstreuen und Sauce unter Rühren einmal aufkochen. Spargel auf einer Platte anrichten und heiß mit Kartoffeln und Estragon-Sauce servieren.

Zubereitungszeit: ca. 10 Minuten
Garzeit: ca. 15 Minuten

Pro Person: 4 Points

KNACKIGE SAUERKRAUT-PFANNE MIT ANANAS

Für 4 Personen:

500 g Sauerkraut
400 g Ananas
(Konserve ohne Zucker)
4 Zwiebeln
1 rote Chilischote
2 rote Paprikaschoten
2 TL Pflanzenöl
480 g Zartweizen,
verzehrfertig
(ersatzweise 320 g gegarter Reis)
2 TL geriebener Ingwer
400 ml Gemüsebrühe
(2 TL Instant)
Salz
Pfeffer
einige Tropfen
flüssiger Süßstoff

1. Sauerkraut abtropfen lassen, Ananas, Zwiebeln und Chilischote würfeln, Paprikaschoten in feine Streifen schneiden. Öl in einer Pfanne erhitzen und die Zwiebelwürfel darin andünsten.

2. Zartweizen, Sauerkraut, Ananaswürfel, Paprikastreifen, Ingwer und Chilischotenwürfel zugeben und mitdünsten, Brühe angießen und mit Salz, Pfeffer sowie Süßstoff abschmecken.

Zubereitungszeit: ca. 10 Minuten
Garzeit: ca. 10 Minuten

Pro Person: 2,5 Points

TORTILLA MIT TOMATEN

1. Zwiebel in Ringe, Kartoffeln in Scheiben schneiden und Tomaten halbieren. Ei mit Milch verquirlen, Mehl unterrühren und mit Salz, Pfeffer und Muskatnuss kräftig würzen.

2. Zwiebelringe in einer beschichteten Pfanne fettfrei anbraten. Kartoffelscheiben, Tomaten, Schnittlauch und Petersilie hinzugeben, mit Ei-Masse übergießen und bei mittlerer Hitze zugedeckt ca. 5 Minuten stocken lassen.

3. Salatgurke längs halbieren und in Halbmonde schneiden. Zwiebel fein würfeln, mit saurer Sahne verrühren und mit Salz und Pfeffer abschmecken. Gurkenscheiben mit dem Dressing verrühren. Tortilla mit Gurkensalat servieren.

Zubereitungszeit: ca. 10 Minuten
Garzeit: ca. 5 Minuten

Für 1 Person:

1 Zwiebel
2 gekochte Kartoffeln
100 g Kirschtomaten
1 Ei
125 ml fettarme Milch
3 EL Mehl
Salz
Pfeffer
geriebene Muskatnuss
1 EL Schnittlauchringe
1 EL Petersilie
½ Salatgurke
1 kleine Zwiebel
3 EL saure Sahne

Pro Person: 6,5 Points

POCHIERTES EI AUF SPINAT MIT GORGONZOLA-SAUCE

Für 4 Personen:

4 Scheiben Vollkorn-Toastbrot
1 kg frischer Spinat
Salz
180 g saure Sahne
2 kleine Ecken Gorgonzola (60 g)
Pfeffer
4 Eier
Essig

1. Toastbrot würfeln und in einer beschichteten Pfanne fettfrei anrösten.

2. Spinat in Salzwasser blanchieren. Saure Sahne erwärmen, Gorgonzola zugeben, unter Rühren darin schmelzen und mit Salz und Pfeffer abschmecken.

3. Eier in siedendem Essigwasser ca. 4 Minuten pochieren, auf den Spinat geben und mit Käsesauce begießen. Mit Toastbrotwürfeln bestreuen und servieren.

Zubereitungszeit: ca. 10 Minuten
Garzeit: ca. 10 Minuten

Pro Person: 6 Points

INGWER-OMELETTE MIT CHINAGEMÜSE

Für 2 Personen:

6 EL Mehl
2 Eier
250 ml fettarme Milch
1 TL geriebener Ingwer
Salz
Pfeffer
200 g Chinakohl
200 g Champignons
2 kleine Zwiebeln
200 g Sprossen
(z. B. Sojasprossen)
2 TL Sojasauce
1 TL 5-Gewürze-Pulver

1. Mehl mit Eiern und Milch verrühren, mit Ingwer, Salz und Pfeffer würzen und etwas quellen lassen.

2. Chinakohl in Streifen, Champignons in Scheiben und Zwiebeln in Ringe schneiden. Zwiebeln in einer beschichteten Pfanne fettfrei andünsten. Chinakohl, Champignons und Sprossen zugeben und ca. 3 Minuten dünsten. Chinagemüse mit Sojasauce, 5-Gewürze-Pulver, Salz und Pfeffer abschmecken und warm stellen.

3. Brat-Folie in der Pfanne erhitzen und aus der Ei-Masse zwei Omelettes von beiden Seiten goldgelb backen. Omelettes auf zwei Teller geben, Gemüse darauf verteilen und servieren.

Zubereitungszeit: ca. 10 Minuten
Garzeit: ca. 15 Minuten

Pro Person: 4,5 Points

KÜRBISGEMÜSE MIT QUARKHAUBE

1. Kürbis würfeln und mit Apfelsaft, Nelke, Ingwer und Salz in einem Topf ca. 15 Minuten garen, abgießen und Kochwasser auffangen.

2. Eine flache Auflaufform mit Margarine einfetten. Zucchini in Stifte schneiden und mit Kürbiswürfeln in eine Auflaufform füllen.

3. Quark mit Eigelb, 5 Esslöffeln Kochwasser, Salz und Pfeffer verrühren. Quarkmasse über das Gemüse gießen und im vorgeheizten Backofen bei 200 Grad (Gas: Stufe 3) ca. 20 Minuten überbacken. Kürbisgemüse mit Sonnenblumenkernen bestreut servieren.

Zubereitungszeit: ca. 10 Minuten
Garzeit: ca. 35 Minuten

Für 1 Person:

500 g Kürbisfruchtfleisch
200 ml Apfelsaft, ohne Zucker
1 Msp. gemahlene Nelke
1 TL gemahlener Ingwer
Salz
1 TL Halbfettmargarine
1 Zucchini
6 EL Magerquark
1 Eigelb
Pfeffer
1 TL Sonnenblumenkerne

Pro Person: 5 Points

APFEL-SELLERIE-RÖSTIS

Für 1 Person:

¼ Sellerieknolle
1 kleiner Apfel (z. B. Elstar)
1 TL Walnussöl
2 TL Weißwein
1 TL Zitronensaft
1 Prise Zimt
einige Tropfen flüssiger Süßstoff
½ rote Zwiebel
1 kleines Stück Bauchspeck (10 g)
2 Kartoffeln
1 EL Mehl
1 Ei
1 TL gehackte Petersilie
Salz
Pfeffer
Currypulver
Knoblauchsalz

1. Die Hälfte des Selleries mit dem Apfel fein würfeln. Öl in einer Pfanne erhitzen, Selleriewürfel andünsten, nach ca. 2 Minuten Apfelwürfel zugeben und weitere ca. 3 Minuten dünsten. Weißwein und Zitronensaft zugeben, ca. 10 Minuten garen und mit Zimt und Süßstoff abschmecken.

2. Zwiebel und Speck würfeln, Kartoffeln grob raspeln, mit Mehl, Ei sowie Petersilie vermischen und mit Salz und Pfeffer würzen. Brat-Folie in einer Pfanne erhitzen und kleine Röstis von beiden Seiten je ca. 5 Minuten goldgelb backen.

3. Verbliebenen Sellerie in feine Scheiben hobeln, mit Currypulver und Knoblauchsalz bestreuen und von beiden Seiten fettfrei anbraten. Röstis mit Selleriescheiben und Apfel-Sellerie-Kompott auf dem Teller anrichten. Nach Wunsch mit Selleriegrün dekorieren.

Zubereitungszeit: ca. 10 Minuten
Garzeit: ca. 25 Minuten

Pro Person: 6,5 Points

RAHMWIRSING MIT GOLDPLÄTZCHEN

Für 1 Person:

2 Schalotten
2 Karotten
200 g Wirsing
150 ml Gemüsebrühe
(½ TL Instant)
1 TL gehackte Walnüsse
3 EL saure Sahne
Salz
Pfeffer
2 verzehrfertige Kartoffelklöße (Fertigprodukt)

1. Schalotten würfeln, in einer beschichteten Pfanne fettfrei andünsten. Karotten und Wirsing in feine Streifen schneiden, zugeben und mit Brühe aufgießen. Gemüse ca. 10 Minuten garen, Walnüsse und saure Sahne unterrühren und mit Salz und Pfeffer abschmecken.

2. Klöße in Scheiben schneiden, in einer beschichteten Pfanne fettfrei von beiden Seiten ca. 5 Minuten goldbraun braten. Rahmwirsing mit Goldplätzchen servieren.

Zubereitungszeit: ca. 5 Minuten
Garzeit: ca. 15 Minuten

Pro Person: 5,5 Points

PFANNKUCHEN MIT GEMÜSE

Für 1 Person:

1 Ei
2 EL Mehl
50 ml Mineralwasser
½ TL Paprikapulver
Salz
Pfeffer
1 kleine Zucchini
2 EL Erbsen, TK
50 g Pfifferlinge
3 EL Magerquark
1 TL Schnittlauchringe

1. Aus Ei, Mehl und Mineralwasser einen Pfannkuchenteig herstellen und mit Paprikapulver, Salz und Pfeffer würzen.

2. Zucchini in dünne Scheiben schneiden und in einer beschichteten Pfanne fettfrei von beiden Seiten anbraten, Erbsen und Pfifferlinge zufügen. Teig zugießen und den Pfannkuchen beidseitig goldbraun ausbacken.

3. Den Quark mit Salz und Pfeffer abschmecken und Schnittlauch unterrühren. Pfannkuchen auf einem Teller anrichten und mit Schnittlauchquark garniert servieren.

Zubereitungszeit: ca. 10 Minuten
Garzeit: ca. 10 Minuten

Pro Person: 4,5 Points

PIZZA, QUICHE, PIKANTE KUCHEN

PIZZA BELLA ITALIA

Für 16 Stücke:

400 g Mehl
1 Würfel frische Hefe
150 ml lauwarmes Wasser
60 g Halbfettmargarine
Salz
2 Knoblauchzehen
100 g passierte Tomaten (Konserve)
2 EL Tomatenmark
1 TL Oregano
Pfeffer
5 Tomaten
3 bunte Paprikaschoten
2 Peperonischoten
4 EL Mais (Konserve)
80 g geriebener Käse (32 % Fett i. Tr.)

1. Mehl in eine Schüssel geben, in die Mitte eine Vertiefung drücken. Hefe und etwas Wasser darin zu einem Vorteig anrühren und zugedeckt an einem warmen Ort ca. 15 Minuten gehen lassen.

2. Margarine schmelzen, mit Salz und restlichem Wasser zum Vorteig geben, alles zu einem glatten Teig gut verkneten und weitere 30 Minuten gehen lassen.

3. Knoblauchzehen zerdrücken, mit passierten Tomaten und Tomatenmark vermengen, mit Oregano, Salz und Pfeffer würzen. Tomaten in Scheiben schneiden, Paprika- und Peperonischoten würfeln.

4. Teig ausrollen und auf ein mit Back-Folie ausgelegtes Backblech geben. Tomatenmasse darauf verstreichen und mit Gemüse belegen. Käse darüber streuen und in den nicht vorgeheizten Backofen schieben. Backofen auf 200 Grad (Gas: Stufe 3) einstellen und ca. 35 Minuten backen.

Zubereitungszeit: ca. 15 Minuten
Ruhezeit: ca. 45 Minuten
Backzeit: ca. 35 Minuten

Pro Stück: 2 Points

PIZZA »DELICIOSA«

1. Hefeteig durchkneten und ca. 30 Minuten ruhen lassen. Passierte Tomaten mit Oregano mischen und mit Salz, Pfeffer und Süßstoff pikant abschmecken.

2. Knoblauchzehe zerdrücken, Öl in einem Topf erhitzen, Knoblauch darin andünsten, Blattspinat zugeben und zusammenfallen lassen.

3. Hefeteig zu vier Kugeln formen und zu runden Fladen ausrollen. Passierte Tomaten darauf verteilen. Tomaten in Scheiben schneiden, Schafkäse würfeln und beides mit Blattspinat und Krabben auf den Pizzen verteilen. Im vorgeheizten Backofen bei 200 Grad (Gas: Stufe 3) ca. 20 Minuten goldbraun backen.

Zubereitungszeit: ca. 15 Minuten
Ruhezeit: ca. 30 Minuten
Garzeit: ca. 25 Minuten

Für 4 Personen:

180 g Hefe-Frischteig (Fertigprodukt)
150 g passierte Tomaten
2 TL Oregano
Salz
Pfeffer
einige Tropfen flüssiger Süßstoff
1 Knoblauchzehe
2 TL Olivenöl
200 g frischer Blattspinat (ersatzweise TK)
4 Tomaten
90 g Schafkäse
4 EL Krabben (100 g)

Pro Person: 4,5 Points

QUICHE MIT TOMATEN-PETERSILIEN-SALAT

Für 8 Personen:

220 g Mehl
½ TL Backpulver
1 Prise Salz
3 Eier
½ TL abgeriebene Schale 1 unbehandelten Zitrone
100 g Margarine
375 g Magerquark
12 EL geriebener Käse (32 % Fett i. Tr.)
Pfeffer

FÜR DEN TOMATEN-PETERSILIEN-SALAT:

1 kg Tomaten
4 Zwiebeln
3 Bund glatte Petersilie
100 ml Gemüsebrühe (½ TL Instant)
4 TL Dijon-Senf
8 EL Balsamicoessig
bunter Pfeffer
einige Tropfen flüssiger Süßstoff

1. Mehl mit Backpulver und Salz mischen. Ein Ei, abgeriebene Zitronenschale und Margarine in Stücken zufügen und alles mit 50 ml Wasser gut verkneten. Teig in Klarsichtfolie ca. 30 Minuten kalt stellen. Quark mit restlichen Eiern und Käse verrühren und mit Salz und Pfeffer würzen.

2. Teig ausrollen und eine mit Back-Folie ausgekleidete Quicheform damit auslegen. Quarkmasse auf den Teig geben und im vorgeheizten Backofen bei 200 Grad (Gas: Stufe 3) ca. 30 Minuten backen.

3. Für den Salat Tomaten in Würfel, Zwiebeln in Ringe schneiden, Petersilie abzupfen und alles vermischen. Brühe mit Senf und Essig verrühren und mit Salz, Pfeffer und Süßstoff abschmecken. Quiche in Stücke schneiden und Tomaten-Petersilien-Salat dazu servieren.

Zubereitungszeit: ca. 15 Minuten
Kühlzeit: ca. 30 Minuten
Garzeit: ca. 30 Minuten

Pro Person: 6 Points

ZUCCHINI-QUICHE

Für 8 Stücke:

260 g Mehl
300 g Magerquark
80 g Halbfettmargarine
Salz
2 Knoblauchzehen
135 g Frischkäse (30 % Fett i. Tr.)
1 Ei
3 EL fettarme Milch
2 TL gemischte Kräuter
Pfeffer
4 kleine Zucchini

1. Mehl, 150 g Quark, Margarine und Salz zu einem Teig verkneten und ca. 30 Minuten kalt stellen. Eine Quicheform (Ø 28 cm) mit Back-Folie auskleiden, mit Teig auslegen, mit einer Gabel einstechen und im vorgeheizten Backofen bei 180 Grad (Gas: Stufe 2) ca. 10 Minuten blind backen.

2. Knoblauchzehen zerdrücken, mit restlichem Quark, Frischkäse, Ei, Milch und Kräutern verrühren. Mit Salz und Pfeffer würzen.

3. Zucchini in Scheiben schneiden, auf den vorgebackenen Boden legen und mit der Quarkmasse bedecken. Zucchini-Quiche bei 200 Grad (Gas: Stufe 3) weitere ca. 35 Minuten backen.

Zubereitungszeit: ca. 20 Minuten
Ruhezeit: ca. 30 Minuten
Garzeit: ca. 45 Minuten

Pro Stück: 4 Points

SAFTIGER SAUER-KRAUT-KUCHEN

1. Aus Mehl, Hefe, einer Prise Salz und Wasser einen Teig rühren und zugedeckt ca. 30 Minuten an einem warmen Ort gehen lassen.

2. Zwiebeln würfeln und in Öl andünsten. Paprikaschoten würfeln, mit Sauerkraut zugeben und mit Salz und Pfeffer würzen. Eier mit Joghurt, Käse, Kümmel und Paprikapulver verrühren und mit der Krautmasse vermengen.

3. Hefeteig ausrollen, auf ein mit Back-Folie ausgelegtes Backblech legen und an den Außenseiten einen Rand hochziehen. Teig im vorgeheizten Backofen bei 200 Grad (Gas: Stufe 3) ca. 5 Minuten vorbacken.

4. Krautmasse auf dem Teig verteilen und im Backofen ca. 35 Minuten fertig backen.

Zubereitungszeit: ca. 20 Minuten
Ruhezeit: ca. 30 Minuten
Backzeit: ca. 40 Minuten

Für 16 Stücke:

360 g Mehl
1 Würfel frische Hefe
Salz
200 ml lauwarmes Wasser
2 Zwiebeln
2 TL Pflanzenöl
2 rote Paprikaschoten
770 g Sauerkraut (Konserve)
Pfeffer
3 Eier
250 g fettarmer Joghurt
8 EL geriebener Käse (32 % Fett i. Tr.)
½ TL Kümmel
Paprikapulver

Pro Stück: 2 Points

MINI-QUICHES

Für 10 Stück:

200 g Mehl
150 g Halbfettmargarine
Salz
2 Eier
125 ml fettarme Milch
Pfeffer
Paprikapulver
2 kleine Zucchini
250 g Kirschtomaten

1. Mehl, Margarine, Salz und 3 Esslöffel Wasser zu einem Teig verkneten und ca. 30 Minuten kalt stellen.

2. Eier mit Milch verquirlen und mit Salz, Pfeffer und Paprikapulver würzen. Zucchini in dünne Scheiben schneiden. Kirschtomaten halbieren.

3. Teig ausrollen und kleine Tartelette-Formen damit auslegen. Mit Zucchinischeiben und Kirschtomaten belegen. Eiermilch darüber gießen und im vorgeheizten Backofen bei 200 Grad (Gas: Stufe 3) ca. 15 Minuten backen. Formen etwas auskühlen lassen und Quiches herausstürzen. Die Quiches können kalt und warm verzehrt werden.

Zubereitungszeit: ca. 20 Minuten
Ruhezeit: ca. 30 Minuten
Backzeit: ca. 15 Minuten

Pro Stück: 3 Points

RAFFINIERTE SPINATTORTE

Für 4 Personen:

6 EL Mehl
2 Eier
250 ml fettarme Milch
Salz
Pfeffer
1 rote Paprikaschote
4 EL Schafkäse
(45 % Fett i. Tr.)
3 EL Magerquark
2 EL Frischkäse
(30 % Fett i. Tr.)
4 EL Mais (Konserve)
100 g Blattspinat

1. Mehl mit Eiern und Milch verrühren, mit Salz und Pfeffer würzen und etwas quellen lassen.

2. Paprikaschote und Schafkäse fein hacken. Schafkäse mit Quark und Frischkäse verrühren. Mais und die Hälfte der Paprikawürfel unter die Käsemasse mengen und mit Salz und Pfeffer abschmecken.

3. Blattspinat in Streifen schneiden und unter den Pfannkuchenteig geben. Nacheinander in einer kleinen beschichteten Pfanne 3 Pfannkuchen abbacken. Pfannkuchen mit Käsemasse bestreichen und übereinander legen. Restliche Paprikawürfel darüber streuen und in Tortenstücke geschnitten servieren.

Zubereitungszeit: ca. 15 Minuten
Garzeit: ca. 15 Minuten

Pro Person: 4 Points

POLENTA-PIZZA

1. Maismehl in einem Topf leicht anrösten, Gemüsebrühe angießen und zugedeckt ca. 15 Minuten ausquellen lassen. Polenta-Masse in eine mit Back-Folie ausgelegte Springform (Ø 26 cm) streichen und etwas auskühlen lassen.

2. Tomaten, Bohnen und Mais vermengen, mit Thymian, Cayennepfeffer und Salz pikant würzen. Masse auf die Pizza geben und verteilen. Geflügelsalami in Streifen schneiden, Schafkäse zerbröckeln und beides auf der Pizza verteilen. Polenta-Pizza im vorgeheizten Backofen bei 200 Grad (Gas: Stufe 3) ca. 20 Minuten backen.

3. Zwiebel in feine Ringe schneiden und Kopfsalat in mundgerechte Stücke zupfen. Saure Sahne mit Essig verrühren und mit Salz und Pfeffer würzen. Salat und Dressing vermengen und zu der Polenta-Pizza servieren.

Zubereitungszeit: ca. 15 Minuten
Garzeit: ca. 35 Minuten

Für 2 Personen:

8 EL Maismehl (Polenta)
125 ml Gemüsebrühe
(1 TL Instant)
150 ml passierte Tomaten
(Konserve)
2 EL weiße Bohnen
(Konserve)
4 EL Mais (Konserve)
½ TL Thymian
Cayennepfeffer
Salz
2 dünne Scheiben
Geflügelsalami
3 EL Schafkäse
(45% Fett i. Tr.)
1 Zwiebel
1 Kopfsalat
1 TL saure Sahne
2 TL Obstessig
Pfeffer

Pro Person: 6 Points

ASIATISCHE GEMÜSETASCHEN

Für 4 Personen:

4 Portionen Hefefrischteig (180 g)
4 Frühlingszwiebeln
1 Kopf Chinakohl
6 Karotten
2 EL Sojasauce
2 Hand voll Radieschensprossen (ersatzweise Sojasprossen)
Salz
Pfeffer
4 TL Sesam
2 TL Essig
einige Tropfen flüssiger Süßstoff

1. Hefeteig in 4 Quadrate (ca. 10 x 10 cm) ausrollen. Teig auf ein mit Back-Folie ausgelegtes Backblech legen und zugedeckt ca. 15 Minuten gehen lassen.

2. Frühlingszwiebeln in Ringe, Chinakohl in Streifen schneiden und 2 Karotten grob raspeln. $\frac{1}{4}$ des Chinakohls mit Karottenraspeln in einer beschichteten Pfanne mit 1 Esslöffel Sojasauce fettfrei andünsten. Sprossen hinzugeben und mit Salz und Pfeffer würzen.

3. Die Ränder der Teigquadrate mit Wasser bestreichen und knapp 1 cm umschlagen. Nochmals die Ränder mit Wasser bestreichen, mit Sesam bestreuen und im vorgeheizten Backofen bei 200 Grad (Gas: Stufe 3) ca. 15 Minuten backen. Das vorbereitete Gemüse auf die Quadrate verteilen und weitere 5 Minuten backen.

4. Restliche Karotten in Stifte schneiden und mit restlichen Chinakohlstreifen vermengen. Für das Dressing Essig mit restlicher Sojasauce verrühren, mit Süßstoff abschmecken und zum Salat geben. Asiatische Gemüsetaschen mit Salat servieren.

Zubereitungszeit: ca. 15 Minuten
Ruhezeit: ca. 15 Minuten
Garzeit: ca. 25 Minuten

Pro Person: 5 Points

CHAMPIGNON-RAUKE-PIZZA

Für 1 Person:

1 Portion Hefefrischteig (45 g)
1 Knoblauchzehe
1 TL gehackte Petersilie
3 EL Frischkäse (30% Fett i. Tr.)
4 TL Kondensmilch (4% Fett)
Salz
Pfeffer
100 g Champignons
1 Hand voll Rauke (Rucola)
2 EL geriebener Parmesan (32% Fett i. Tr.)

1. Hefeteig rund ausrollen, auf ein mit Back-Folie belegtes Backblech legen und abgedeckt an einem warmen Ort ca. 15 Minuten gehen lassen.

2. Knoblauchzehe zerdrücken, mit Petersilie, Frischkäse und Kondensmilch verrühren und mit Salz und Pfeffer würzen. Frischkäse-Masse auf den Pizzateig streichen.

3. Champignons in Scheiben schneiden und mit Rauke auf der Frischkäse-Masse verteilen. Käse darüber streuen und im vorgeheizten Backofen bei 175 Grad (Gas: Stufe 2) ca. 20 Minuten backen.

Zubereitungszeit: ca. 10 Minuten
Ruhezeit: ca. 15 Minuten
Garzeit: ca. 20 Minuten

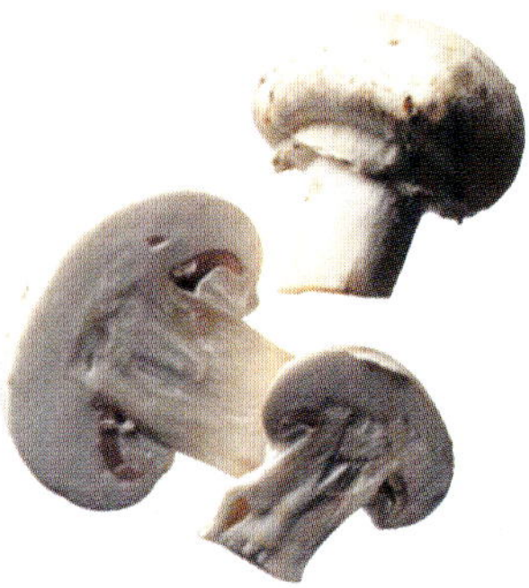

Pro Person: 5 Points

ITALIENISCHES KRÄUTERBROT

1. Mehl in eine Schüssel sieben, in die Mitte eine Vertiefung schieben. Hefe hineinbröckeln, mit etwas Wasser zu einem Vorteig anrühren und zugedeckt ca. 20 Minuten gehen lassen.

2. Oliven und Knoblauchzehen fein hacken und mit restlichem Wasser, Kräutern, Olivenöl, Salz und Pfeffer zu dem Vorteig geben. Alles zu einem geschmeidigen Teig verkneten und zugedeckt ca. 30 Minuten gehen lassen.

3. Teig in eine mit Back-Folie ausgelegte Kastenform (Länge 24 cm) geben, mit Wasser bestreichen und schräg einschneiden. Kräuterbrot im vorgeheizten Backofen bei 200 Grad (Gas: Stufe 3) ca. 45 Minuten backen. Kräuterbrot ca. 10 Minuten in der Form ruhen lassen, dann herauslösen und auf einem Gitterrost auskühlen lassen.

Zubereitungszeit: ca. 20 Minuten
Ruhezeit: ca. 60 Minuten
Garzeit: ca. 45 Minuten

Für 12 Scheiben:

400 g Mehl
1 Würfel frische Hefe
200 ml lauwarmes Wasser
10 grüne Oliven, entsteint
2 Knoblauchzehen
3 TL gemischte italienische Kräuter
2 TL Olivenöl
1 TL Salz
weißer Pfeffer

Pro Scheibe: 2 Points

Tipp
Aus diesem würzigen Kräuterteig können Sie nicht nur ein knuspriges Brot backen, sondern Sie können ihn auch prima als Boden für Pizza verwenden. Durch seine intensive Würze schmeckt er sehr gut mit einem milden Belag aus Tomaten und Mozzarella.

ZWIEBACK-HAPPEN

Für 1 Person:

1 Zwiebel
100 g grüne Bohnen (ersatzweise Konserve)
½ TL Bohnenkraut
Salz
1 kleines Stück Schafkäse (45% Fett i. Tr.)
60 ml fettarme Milch
Pfeffer
3 Zwiebäcke

1. Zwiebel würfeln und mit Bohnen in einer beschichteten Pfanne mit etwas Wasser, Bohnenkraut und Salz zugedeckt ca. 15 Minuten dünsten.

2. Schafkäse zerbröckeln, mit Milch verrühren und mit Salz und Pfeffer würzen.

3. Zwiebäcke auf ein mit Back-Folie ausgelegtes Backblech legen. Bohnen darauf verteilen und mit Schafkäse-Masse bedecken. Zwieback-Happen im vorgeheizten Backofen bei 200 Grad (Gas: Stufe 3) ca. 5 Minuten überbacken.

Zubereitungszeit: ca. 10 Minuten
Garzeit: ca. 20 Minuten

Pro Person: 4 Points

SPARGEL-KUCHEN

1. Mehl und Backpulver mischen und mit 1 Ei, Margarine, Mineralwasser und Salz zu einem glatten Teig verkneten. Mürbeteig zugedeckt im Kühlschrank ca. 30 Minuten ruhen lassen.

2. Spargelstangen in ca. 5 cm lange Stücke schneiden und in leicht gesalzenem Wasser mit Zucker ca. 15 Minuten vorgaren. Hüttenkäse mit restlichem Ei und 3 Esslöffeln Spargelwasser glatt rühren und mit Salz und Pfeffer würzen. Schinken in Streifen schneiden.

3. Mürbeteig in eine mit Back-Folie ausgekleidete Springform (Ø 26 cm) geben und einen Rand hochziehen. Spargel und Schinkenstreifen auf dem Teig verteilen, Hüttenkäsemasse darüber gießen und im vorgeheizten Backofen bei 175 Grad (Gas: Stufe 2) ca. 30 Minuten backen. Spargel-Kuchen mit Walnüssen bestreut servieren.

Zubereitungszeit: ca. 30 Minuten
Ruhezeit: ca. 30 Minuten
Garzeit: ca. 45 Minuten

Für 8 Stücke:

200 g Mehl
1 TL Backpulver
2 Eier
1 TL Halbfettmargarine
75 ml Mineralwasser
Salz
1 kg Spargel
1 Prise Zucker
360 g Hüttenkäse
Pfeffer
5 Scheiben roher Schinken, ohne Fett
1 TL gehackte Walnüsse

Pro Stück: 3 Points

TOMATEN-SCHAFKÄSE-TARTE

Für 4 Personen:

400 g Mehl
1 Würfel frische Hefe
150 ml lauwarmes Wasser
Salz
1 Msp. Rosmarin
7 Tomaten
3 Knoblauchzehen
135 g Schafkäse (45% Fett i. Tr.)
1 Bund Basilikum
Pfeffer
2 EL Pinienkerne
200 g Champignons
250 g Rucola (Rauke)
100 g fettarmer Joghurt
3 TL Rotweinessig (ersatzweise Obstessig)
1 TL Senf

1. Mehl in eine Schüssel sieben und eine Mulde in die Mitte schieben. Hefe in die Mulde bröckeln, mit etwas Wasser zu einem Vorteig verrühren und zugedeckt ca. 20 Minuten gehen lassen.

2. Restliches Wasser, Salz und Rosmarin zum Vorteig geben, alles zu einem geschmeidigen Teig verkneten und weitere 30 Minuten gehen lassen.

3. Tomaten mit kochendem Wasser überbrühen, häuten und entkernen. Tomaten, 2 Knoblauchzehen und Schafkäse fein würfeln. Basilikum in Streifen schneiden. Alles locker vermengen und mit Salz und Pfeffer würzen.

4. Teig nochmals durchkneten, ausrollen und in eine Tarteform (Ø 26 cm) legen. Tomaten-Schafkäse-Mischung darauf verteilen, mit Pinienkernen bestreuen und im vorgeheizten Backofen bei 200 Grad (Gas: Stufe 3) ca. 30 Minuten backen.

5. Champignons vierteln und mit Rucola vermengen. Restliche Knoblauchzehe zerdrücken und mit Joghurt, Essig und Senf verrühren. Dressing mit Salz und Pfeffer abschmecken und zum Salat geben. Tomaten-Schafkäse-Tarte mit Rucolasalat servieren.

Pro Person:
8 Points

Zubereitungszeit: ca. 25 Minuten
Ruhezeit: ca. 50 Minuten
Garzeit: ca. 30 Minuten

FRUCHTIGE APFEL-ZWIEBEL-PIE

1. Mehl und Stärkemehl mischen, mit 1 Ei, Margarine, 100 ml Milch und Salz zu einem glatten Teig verkneten und ca. 30 Minuten kalt stellen.

2. Zwiebeln in Ringe schneiden und in einer beschichteten Pfanne fettfrei mit 3 Esslöffeln Wasser glasig dünsten. Apfel in Spalten schneiden, zu den Zwiebelringen geben, kurz mit erhitzen und etwas auskühlen lassen.

3. Saure Sahne, restliche Milch und restliche Eier verquirlen, mit Muskatnuss, Majoran, Salz und Pfeffer würzen. Teig halbieren, eine Hälfte ausrollen und eine Quicheform (Ø 26 cm) damit auslegen. Zwiebelmasse mit Guss vermengen und auf dem Teig verteilen. Quicheform mit restlichem Teig abdecken und im vorgeheizten Backofen bei 200 Grad (Gas: Stufe 3) ca. 35 Minuten backen.

Zubereitungszeit: ca. 20 Minuten
Ruhezeit: ca. 30 Minuten
Garzeit: ca. 45 Minuten

Für 8 Stücke:

300 g Mehl
100 g Stärkemehl
3 Eier
4 TL Halbfettmargarine
250 ml fettarme Milch
Salz
750 g Zwiebeln
1 Apfel
4 EL saure Sahne
geriebene Muskatnuss
1 TL Majoran
Pfeffer

Pro Stück: 4 Points

BUNTER FLEISCHKUCHEN

Für 12 Stücke:

400 g Mehl
1 TL Backpulver
3 Eier
150 ml Wasser
Salz
1 Zwiebel
je 1 rote und gelbe Paprikaschote
420 g Tatar
10 grüne Oliven, mit Paprikafüllung
100 g Kirschtomaten
150 g Schafkäse (45% Fett i. Tr.)
125 ml fettarme Milch
8 EL Mais (Konserve)
Pfeffer
1 Fleischtomate

Pro Stück:

4 Points

1. Mehl und Backpulver mischen, mit 1 Ei, Wasser und Salz zu einem glatten Teig verkneten und ca. 30 Minuten kalt stellen.

2. Zwiebel und Paprikaschoten würfeln und mit Tatar in einer beschichteten Pfanne fettfrei knusprig braun braten. Oliven in Scheiben schneiden, Kirschtomaten halbieren und Schafkäse zerbröckeln. 2 Esslöffel Schafkäse mit restlichen Eiern und Milch pürieren, mit Mais, Gemüse und restlichem Schafkäse zu der Tatarmasse geben und mit Salz und Pfeffer würzen. Fleischtomate in Scheiben schneiden.

3. Teig ausrollen und ein Backblech damit auslegen. Tatar-Gemüse-Masse darauf verteilen, mit Tomatenscheiben belegen und im vorgeheizten Backofen bei 200 Grad (Gas: Stufe 3) ca. 35 Minuten backen.

Zubereitungszeit: ca. 20 Minuten
Ruhezeit: ca. 30 Minuten
Garzeit: ca. 45 Minuten

Paprikaschoten

Paprikaschoten gehören zum Gemüsepaprika, von dem es viele Sorten gibt, die sich in Form, Größe und Farbe unterscheiden. Der grüne Gemüsepaprika wird geerntet, bevor er voll ausgereift ist. Mit dem Reifegrad verändert sich die Farbe von grün über orange bis rot. Aus diesem Grund sind gelbe und rote oft teurer als die grünen Paprikaschoten. Voll ausgereifte Früchte sind aromatischer und süßer als unreife.

Vorbereitung:
Nach dem Entfernen des Stiels wird das Kerngehäuse mit Samen entfernt. Für gefüllte Paprikaschoten schneiden Sie den Stielansatz ab, entfernen das Kerngehäuse, geben die Füllung hinein und setzen den Stielansatz als Deckel wieder darauf. Zur Verkürzung der Garzeit die Paprika vorher in kochendem Wasser blanchieren.

PIKANTE KÜRBIS-QUICHE

Für 1 Person:

200 g Kürbis
(ersatzweise Mangold)
1 Karotte
1 kleine Zucchini
1 Frühlingszwiebel
1 Portion Pizza-Frischteig
(Fertigprodukt) (45 g)
1 Ei
3 EL fettarme Milch
4 EL saure Sahne
Salz
Pfeffer
1 Gewürzgurke
1 Tomate
150 g Magermilch-Joghurt
2 TL Kräuter
(Schnittlauch, Petersilie)
100 g Feldsalat

1. Kürbis würfeln, Karotte und Zucchini in Scheiben und Frühlingszwiebel in Ringe schneiden. Pizza-Frischteig dünn ausrollen, eine Quiche-Form (Ø 26 cm) damit auslegen und das Gemüse darauf verteilen.

2. Ei mit Milch und saurer Sahne verquirlen, mit Salz und Pfeffer würzen und die Quiche damit bedecken. Kürbis-Quiche im vorgeheizten Backofen bei 200 Grad (Gas: Stufe 3) ca. 40 Minuten backen.

3. Gewürzgurke und Tomate fein würfeln. Mit Joghurt und Kräutern verrühren und mit Salz und Pfeffer abschmecken.

4. Feldsalat auf einen Teller legen, die Salatsauce darauf anrichten und mit Kürbis-Quiche servieren.

Zubereitungszeit: ca. 15 Minuten
Garzeit: ca. 40 Minuten

Pro Person: 8 Points

FISCH, GEFLÜGEL, FLEISCH

SCHELLFISCH MIT FENCHEL-GEMÜSE

Für 4 Personen:

4 Fenchelknollen
6 kleine rote Zwiebeln
Salz
1 TL Pflanzenöl
600 ml Gemüsebrühe (2 TL Instant)
2 EL Zitronensaft
Pfeffer
1 Bund Petersilie
1 Bund Dill
600 g Schellfisch
4 TL Tomatenmark
einige Tropfen flüssiger Süßstoff
2 EL heller Saucenbinder (Instantpulver)
4 mittelgroße gekochte Kartoffeln

1. Fenchel und Zwiebeln achteln. Fenchel in kochendem Salzwasser kurz blanchieren. Öl in einer Pfanne erhitzen, Zwiebeln andünsten, Fenchel zugeben, die Hälfte der Gemüsebrühe angießen und ca. 5 Minuten köcheln lassen. Sauce mit 1 Esslöffel Zitronensaft, Salz und Pfeffer abschmecken. Petersilie und Dill fein hacken und zugeben.

2. Fischfilet mit verbliebenem Zitronensaft säuern, salzen und pfeffern, in einer beschichteten Pfanne fettfrei von beiden Seiten anbraten und restliche Gemüsebrühe angießen. Fisch herausnehmen und warm stellen. Fischsud aufkochen, Tomatenmark zugeben, mit Salz, Pfeffer und Süßstoff kräftig würzen und mit Saucenbinder binden. Fischfilet mit Fenchel-Gemüse und Kartoffeln anrichten und servieren.

Zubereitungszeit: ca. 10 Minuten
Garzeit: ca. 20 Minuten

Pro Person: 3,5 Points

SCHWERTFISCH IN SAFRANSAUCE

Für 4 Personen:

2 Schalotten
2 Knoblauchzehen
1 TL Pflanzenmargarine
1 Glas Sherry (50 ml)
300 ml Fischfond (Fertigprodukt)
etwas Safranpulver
2 gelbe Paprikaschoten
600 g Schwertfisch
1 EL Zitronensaft
Salz
6 Tomaten
Pfeffer
200 g gegarter Reis
600 g gegarter Romanesco

1. Schalotten würfeln, Knoblauchzehen zerdrücken und in erhitzter Margarine kurz andünsten. Mit Sherry und Fischfond ablöschen, Safranpulver unterrühren und aufkochen lassen. Paprikaschoten in sehr feine Streifen schneiden und zugeben. Fisch grob würfeln, mit Zitronensaft beträufeln und salzen. Tomaten kreuzweise einritzen, mit kochendem Wasser überbrühen, häuten, entkernen und Fruchtfleisch fein würfeln.

2. Fisch und Tomatenwürfel zugeben, bei geringer Hitze ca. 10 Minuten gar ziehen lassen und alles mit Salz und Pfeffer abschmecken. Sauce mit Fisch anrichten und Reis sowie Romanesco dazu servieren.

Zubereitungszeit: ca. 10 Minuten
Garzeit: ca. 20 Minuten

Pro Person: 5,5 Points

RED SNAPPER MIT ORANGEN-CURRY-SAUCE

1. Orangenschale abreiben und Saft auspressen. Saure Sahne mit Orangenschale, -saft, Koriander, Senf und Currypulver verrühren und mit Salz und Pfeffer abschmecken.

2. Red Snapper mit Zitronensaft beträufeln und salzen. Wenig Wasser mit Pimentbeeren in einem Topf aufkochen und die Fischfilets ca. 10 Minuten bei schwacher Hitze dünsten.

3. Paprikaschoten in Rauten schneiden und mit den Champignons in der Gemüsebrühe ca. 10 Minuten dünsten. Nach ca. 5 Minuten die Zuckererbsenschoten zugeben. Gemüse mit Salz und Pfeffer würzen. Fischfilets mit der Sauce anrichten und Gemüse dazu servieren.

Zubereitungszeit: ca. 15 Minuten
Garzeit: ca. 20 Minuten

Für 4 Personen:

1 unbehandelte Orange
100 ml Orangensaft
135 g saure Sahne
2 EL gehackter Koriander
1 TL mittelscharfer Senf
¼ TL Currypulver
Salz
Pfeffer
600 g Red Snapper
1 EL Zitronensaft
4 Pimentbeeren
2 rote Paprikaschoten
400 g kleine Champignons
100 ml Gemüsebrühe (1 TL Instant)
300 g Zuckererbsenschoten

Pro Person: 5 Points

LIMETTENFISCH MIT NUSSKRUSTE

Für 1 Person:

1 kleines Kabeljaufilet (150 g)
1 EL Limettensaft
Salz
1 kleine Zwiebel
1 Knoblauchzehe
2 EL Fischfond (aus dem Glas)
10 Cashewnüsse
80 g gegarter Reis
1 EL Kidneybohnen (Konserve)

1. Kabeljaufilet mit Limettensaft säuern und salzen. Zwiebel und Knoblauchzehe würfeln, in einer beschichteten Pfanne fettfrei anbraten und mit Fischfond ablöschen. Nüsse hacken.

2. Fischfilet in eine Auflaufform geben, mit Zwiebel-Knoblauch-Fond begießen und mit Nüssen bestreuen. Das Fischfilet im vorgeheizten Backofen bei 200 Grad (Gas: Stufe 3) ca. 20 Minuten garen. Reis mit Bohnen vermengen und mit dem Limettenfisch servieren.

Zubereitungszeit: ca. 5 Minuten
Garzeit: ca. 25 Minuten

Pro Person: 6,5 Points

SEELACHS-GEMÜSE-AUFLAUF

Für 1 Person:

1 kleines Seelachsfilet (150 g)
1 EL Zitronensaft
Salz
Pfeffer
1 TL Currypulver
1 Zwiebel
1 Knoblauchzehe
1 Lauchzwiebel
400 g Chinakohl
2 EL Kleie
1 Orange
3 EL Magerquark
1 Ei

1. Seelachsfilet würfeln, mit Zitronensaft, Salz, Pfeffer und ½ Teelöffel Currypulver würzen, in einer beschichteten Pfanne fettfrei andünsten und herausnehmen.

2. Zwiebel und Knoblauchzehe würfeln, Lauchzwiebel in Ringe und Chinakohl in Streifen schneiden. Zwiebel- und Knoblauchwürfel mit Lauchzwiebelringen in der Pfanne andünsten. Chinakohl zugeben, salzen, pfeffern und mit Kleie bestreuen. Gemüse mit den Fischwürfeln in eine Auflaufform geben. Orange filetieren und zugeben.

3. Quark und Ei mit Salz, Pfeffer und restlichem Currypulver verquirlen, über den Auflauf geben und im vorgeheizten Backofen bei 175 Grad (Gas: Stufe 2) ca. 10 Minuten backen.

Zubereitungszeit: ca. 10 Minuten
Garzeit: ca. 15 Minuten

Pro Person: 6 Points

FORELLEN-AUFLAUF

1. Forellenfilets mit Zitronensaft beträufeln und in kleine Stücke schneiden.

2. Gekochte Kartoffeln durch die Kartoffelpresse drücken, Eigelb und Milch untermengen und mit Salz und Muskatnuss würzen. Die Hälfte der Kartoffelmasse in eine Auflaufform streichen.

3. Forellenfilets auf der Kartoffelmasse verteilen, Zitrone schälen, in Scheiben schneiden, ebenfalls dazugeben und mit Estragon bestreuen. Mit dem restlichen Kartoffelpüree abschließen, Form mit Alufolie abdecken und im vorgeheizten Backofen bei 175 Grad (Gas: Stufe 2) ca. 15 Minuten backen.

4. Zucchini in Scheiben schneiden und in einer beschichteten Pfanne ca. 5 Minuten fettfrei andünsten. Mit Salz, Pfeffer und Thymian würzen und zu dem Forellen-Auflauf servieren.

Zubereitungszeit: ca. 15 Minuten
Garzeit: ca. 25 Minuten

Für 1 Person:

2 kleine Forellenfilets, geräuchert (à 60 g)
einige Tropfen Zitronensaft
3 mittelgroße gekochte Kartoffeln
1 Eigelb
125 ml fettarme Milch
Salz
1 Prise geriebene Muskatnuss
1 Zitrone
½ TL Estragon
2 Zucchini
Pfeffer
½ gehackter Thymian

Pro Person: 7 Points

LACHSFILET MIT FRUCHTSAUCE

Für 1 Person:

1 kleine Zwiebel
2 Äpfel
1 rote Chilischote (ersatzweise ½ TL Paprikapulver)
½ TL Ingwerpulver
½ TL Currypulver
1 EL Apfelessig
4 TL Honig
Zimt
Salz
Pfeffer
1 kleines Lachsfilet (125 g)
1 TL Zitronensaft
1 TL Pflanzenöl
80 g gegarter Duftreis

1. Zwiebel und Äpfel würfeln, Chilischote in feine Streifen schneiden. Zwiebelwürfel in einer beschichteten Pfanne fettfrei glasig dünsten, Apfel und Chilischote zufügen und mit Ingwer- und Currypulver bestäuben. Essig, Honig und 1 Esslöffel Wasser unterrühren und mit Zimt, Salz und Pfeffer abschmecken. Fruchtsauce ca. 3 Minuten einkochen lassen.

2. Lachsfilet mit Zitronensaft säuern, salzen und pfeffern. Öl in einer beschichteten Pfanne erhitzen und Lachsfilet von beiden Seiten ca. 5 Minuten anbraten.

3. Fruchtsauce mit Lachs und Duftreis auf einem Teller anrichten und servieren.

Zubereitungszeit: ca. 10 Minuten
Garzeit: ca. 10 Minuten

Pro Person: 7,5 Points

ROTBARSCHFILET MIT KOKOS-REIS

Für 1 Person:

1 Zwiebel
4 Karotten
Salz
Pfeffer
1 Zitrone
1 kleines Rotbarschfilet (150 g)
4 Aprikosenhälften (Konserve ohne Zucker)
100 ml Fischfond (Glas) (ersatzweise Gemüsebrühe)
100 ml Aprikosensaft, ohne Zucker (Konserve)
3 EL gegarter Reis
1 TL Kokosraspeln

1. Zwiebel in feine Ringe und Karotten in Scheiben schneiden. Zwiebelringe und Karottenscheiben in einer beschichteten Pfanne fettfrei andünsten und mit Salz und Pfeffer abschmecken.

2. Zitrone filetieren. Fischfilet säubern, leicht salzen und in eine flache Auflaufform legen. Zitronenfilets und Karotten-Zwiebel-Masse darauf verteilen. Aprikosen abtropfen lassen, Saft auffangen, Früchte in Stücke schneiden. Fischfond und Aprikosensaft angießen und im vorgeheizten Backofen bei 175 Grad (Gas: Stufe 2) ca. 20 Minuten garen.

3. Reis mit Aprikosenstücken und Kokosraspeln vermischen. Rotbarschfilet mit Karottengemüse auf Kokos-Reis servieren.

Zubereitungszeit: ca. 10 Minuten
Garzeit: ca. 30 Minuten

Pro Person: 6 Points

SEELACHS MIT KOHLRABI-KARTOFFEL-SALAT

1. Kartoffeln und Kohlrabi in dünne Stifte schneiden und in Salzwasser ca. 15 Minuten garen. Gemüse herausnehmen, Joghurt mit 100 ml Kochwasser verrühren, mit Salz, Pfeffer und Muskatnuss abschmecken und zu dem gegarten Gemüse geben.

2. Seelachsfilet waschen, mit Zitronensaft beträufeln, leicht salzen und in einer mit Brat-Folie ausgelegten Pfanne ca. 10 Minuten bei geringer Hitze fettfrei braten. Seelachsfilet zu dem warmen Kohlrabi-Kartoffel-Salat servieren.

Zubereitungszeit: ca. 10 Minuten
Garzeit: ca. 25 Minuten

Für 1 Person:

250 g Frühkartoffeln
1 Kohlrabi
Salz
100 g fettarmer Joghurt
Pfeffer
geriebene Muskatnuss
1 kleines Seelachsfilet (150 g)
1 TL Zitronensaft

Pro Person: 5 Points

SCHOLLENROLLEN ORANGE

Für 4 Personen:

8 Schollenfilets (à 70 g)
Saft einer halben Zitrone
Salz
1 TL milder Senf
2 Schalotten
1 kleine Zucchini
1 kg Karotten
2 TL Pflanzenöl
200 ml Orangensaft, ohne Zucker
2 Knoblauchzehen
½ Bund frische Pfefferminze
4 EL Frischkäse (30 % Fett i. Tr.)
Pfeffer
280 g gegarte Wildreismischung

1. Schollenfilets säubern, mit Zitronensaft säuern, leicht salzen und dünn mit Senf bestreichen. Schalotten fein hacken, Zucchini mit einem Sparschäler längs in Scheiben schneiden und auf den Schollenfilets verteilen. Fisch aufrollen und mit kleinen Holzspießen feststecken.

2. Karotten putzen und das Grün bis auf 2 Zentimeter abschneiden. Öl in einer beschichteten Pfanne erhitzen und Karotten darin anschwitzen. Orangensaft angießen und zugedeckt ca. 10 Minuten schmoren. Schollenrollen hinzugeben und weitere 10 Minuten garen. Karotten und Schollenrollen herausnehmen, auf eine Servierplatte legen und im vorgeheizten Backofen bei 100 Grad (Gas: Stufe 1) warm stellen.

3. Knoblauchzehen und Pfefferminze fein hacken und mit Frischkäse in die Sauce geben. Mit Salz und Pfeffer abschmecken und mit Reis zu den Schollenrollen und Karotten servieren.

Zubereitungszeit: ca. 20 Minuten
Garzeit: ca. 20 Minuten

Pro Person: 5 Points

INTERNATIONALE GARNELEN-PFANNE

Für 4 Personen:

200 g Langkorn-Wildreis, trocken
Salz
4 Tomaten
2 Orangen
2 Schalotten
1 walnussgroßes Stück Ingwer
300 g Blattspinat (frisch oder TK)
2 TL Pflanzenöl
Pfeffer
240 g Garnelen

1. Reis nach Packungsanweisung in 400 ml Salzwasser ca. 20 Minuten garen.

2. Tomaten häuten, entkernen und fein würfeln. Orangen filetieren, dabei austretenden Saft auffangen. Schalotten und Ingwer fein und Spinat grob hacken.

3. Öl in einer beschichteten Pfanne erhitzen und Schalotten- und Ingwerwürfel darin goldbraun braten. Spinat hinzugeben, zusammenfallen lassen und mit Salz und Pfeffer abschmecken. Garnelen, Tomatenwürfel und Orangenfilets auf dem Spinat verteilen, Orangensaft angießen und zugedeckt ca. 5 Minuten gar ziehen lassen. Garnelen-Pfanne mit Reis servieren.

Zubereitungszeit: ca. 10 Minuten
Garzeit: ca. 25 Minuten

Pro Person: 4 Points

Scampi & Co.
Scampi und Garnelen gehören zur Gattung der Krustentiere. Am schmackhaftesten sind sie während der Wachstumszeit, also in Monaten ohne »r« (Mai bis August).
Scampi sind Tiefseekreb se, von denen lediglich die Schwänze gehandelt werden, da die Scheren kaum Fleisch enthalten. Scampi werden bis zu 25 cm lang und wiegen zwischen 40 und 120 g.
In der Gruppe der Garnelen sind drei Arten zusammengefasst: Riesengarnelen (Prawns), Nordseegarnelen (Krabben) und Tiefseegarnelen (Shrimps). Bei Nordseekrabben handelt es sich zoologisch gesehen nicht um eine Krabben-, sondern um eine Krebsart. Flusskrebse sind Süßwasserkrustentiere und werden 5–15 cm lang. Sie werden wie Hummer oder Garnelen zubereitet, wobei meist nur der Schwanzteil verzehrt wird.

HÄHNCHEN-SPIESSE AUF CURRY-REIS

1. Hähnchenbrustfilets in Würfel schneiden, mit Salz, Pfeffer und Paprikapulver würzen. Öl in einer beschichteten Pfanne erhitzen und Hähnchenwürfel darin ca. 8 Minuten braten.

2. Kirschtomaten halbieren, Mozzarella würfeln, Paprikaschoten in grobe Rauten schneiden. Alles mit den abgetropften Perlzwiebeln und den Hähnchenwürfeln auf Holzspieße reihen.

3. Reis in der gleichen Pfanne erhitzen und mit Currypulver bestäuben. Spieße auf den Curryreis setzen, kurz erwärmen und alles zusammen servieren.

Zubereitungszeit: ca. 10 Minuten
Garzeit: ca. 15 Minuten

Für 4 Personen:

240 g Hähnchenbrustfilets
Salz
Pfeffer
1 TL Paprikapulver, edelsüß
2 TL Pflanzenöl
16 Kirschtomaten
1 Kugel Mozzarella
2 grüne Paprikaschoten
16 Perlzwiebeln
8 Holzspieße
320 g gegarter Reis
2 TL Currypulver

Pro Person: 5 Points

PUTE MIT BROCCOLI-KAROTTEN-GEMÜSE

Für 4 Personen:

4 Putenschnitzel (480 g)
Salz
Pfeffer
1 TL Paprikapulver
1 Bund Karotten
500 g Broccoli
1 TL Pflanzenöl
1 TL Zucker
½ TL Currypulver
1 EL gehackte Petersilie
480 g Kartoffelpüree/-stock, verzehrfertig
3 TL Mandelblätter

1. Putenschnitzel in einer beschichteten Pfanne fettfrei braten und mit Salz, Pfeffer sowie Paprikapulver würzen.

2. Karotten in dünne Scheiben schneiden, Broccoli in Röschen teilen und in kochendem Salzwasser kurz blanchieren. Öl in einer beschichteten Pfanne erhitzen, Karottenscheiben darin andünsten, Zucker zufügen und karamellisieren lassen. Broccoli zugeben und mit Salz, Pfeffer, Currypulver und gehackter Petersilie abschmecken.

3. Putenschnitzel mit Gemüse und Kartoffelpüree anrichten und mit Mandelblättern garniert servieren.

Zubereitungszeit: ca. 5 Minuten
Garzeit: ca. 15 Minuten

Pro Person: 4,5 Points

COQ AU VIN
(HÄHNCHEN IN ROTWEIN)

1. Hähnchenkeulen salzen und pfeffern. Öl in einer Pfanne oder einem Bräter erhitzen und die Hähnchenkeulen von beiden Seiten scharf anbraten. Knoblauchzehen zerdrücken, Champignons in feine Scheiben schneiden, Karotten und Sellerie fein würfeln, alles mit den Kräutern zugeben und kurz mitdünsten.

2. Mit Rotwein und Geflügelbrühe ablöschen und alles ca. 20 Minuten schmoren lassen. Hähnchenkeulen herausnehmen und warm stellen. Sauce aufkochen und bis auf die Hälfte ca. 10 Minuten reduzieren lassen. Kräuter entfernen, die Sauce mit Salz und Pfeffer abschmecken, Hähnchen zugeben und kurz darin erwärmen. Hähnchenkeulen mit Sauce auf Tellern anrichten und Kartoffeln dazu servieren.

Zubereitungszeit: ca. 15 Minuten
Garzeit: ca. 35 Minuten

Für 4 Personen:

4 Hähnchenkeulen (à 200 g), mit Haut
Salz
Pfeffer
2 TL Pflanzenöl
2 Knoblauchzehen
300 g Champignons
3 Karotten
3 Stangen Bleichsellerie
1 Lorbeerblatt
2 Zweige Thymian
2 Zweige Majoran
2 Zweige Petersilie
200 ml trockener, französischer Rotwein
500 ml Geflügelbrühe (2 TL Instant)
1 kg gekochte, kleine Kartoffeln

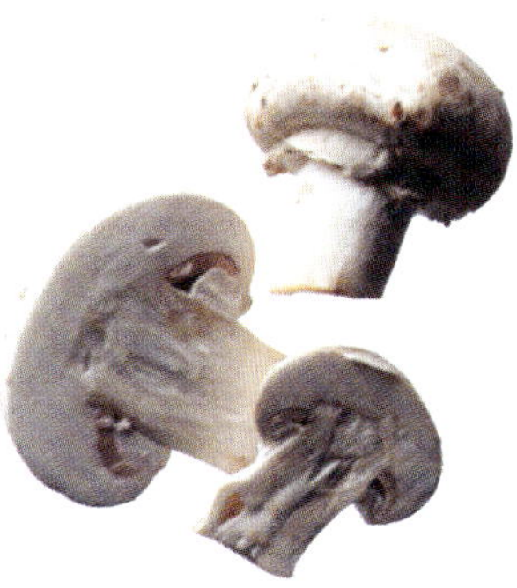

Pro Person: 8,5 Points

KNOBLAUCH-HÄHNCHEN MIT WÜRZIGEN KARTOFFELN

Für 4 Personen:

800 g Kartoffeln
4 TL Pflanzenöl
Salz
Pfeffer
Paprikapulver
Chilipulver
4 TL Sesamsamen
4 Knoblauchzehen
2 Schalotten
360 g Hähnchenbrustfilet
100 g grüne Oliven
Kräutersalz
2 EL Limettensaft
(ersatzweise Zitronensaft)
100 ml Gemüsebrühe
(½ TL Instant)
2 rote Zwiebeln
4 rote Paprikaschoten
100 ml Tomatensaft
200 g Kidneybohnen
(Konserve)
einige Tropfen
flüssiger Süßstoff

1. Kartoffeln gründlich waschen und in Viertel schneiden. 2 Teelöffel Öl mit Salz, Pfeffer, Paprika-, Chilipulver und Sesam verrühren. Kartoffeln mit dem Würzöl bestreichen, auf ein mit Back-Folie ausgelegtes Backblech setzen und im vorgeheizten Backofen bei 175 Grad (Gas: Stufe 2) ca. 25 Minuten backen.

2. Knoblauchzehen zerdrücken, Schalotten und Hähnchenbrustfilet in Würfel schneiden. Restliches Öl in einer beschichteten Pfanne erhitzen, Knoblauch und Schalotten andünsten, Hähnchenbrustfilet zugeben und ca. 5 Minuten anbraten. Oliven in Scheiben schneiden, zugeben und alles mit Chili-, Paprikapulver, Kräutersalz und Pfeffer abschmecken. Mit Limettensaft und Gemüsebrühe ablöschen und ca. 5 Minuten weitergaren.

3. Zwiebeln in Ringe und Paprikaschoten in Rauten schneiden. In einem beschichteten Topf mit 2 Esslöffeln Wasser kurz andünsten, mit Tomatensaft ablöschen und ca. 10 Minuten garen. Kurz vor Ende der Garzeit Kidneybohnen zugeben und mit Chilipulver, Kräutersalz und Süßstoff abschmecken.

4. Knoblauch-Hähnchen mit Reis auf Tellern anrichten und Gemüse dazu servieren.

Pro Person:
7 Points

Zubereitungszeit: ca. 10 Minuten
Garzeit: ca. 25 Minuten

TEX-MEX CHICKEN WINGS

1. Limettenschale abreiben und Frucht auspressen. Knoblauchzehe zerdrücken und mit Limettenschale, -saft, Tabasco, Tomatenmark, Süßstoff und etwas Salz verrühren. Hähnchenflügel damit bestreichen und ca. 1 Stunde darin marinieren.

2. Maiskolben mit der Kräuterbutter bestreichen. Hähnchenflügel und Maiskolben auf ein mit Back-Folie ausgelegtes Backblech legen und im vorgeheizten Backofen (Stufe Grill) ca. 20 Minuten grillen.

3. Zwiebeln in Ringe, Tomaten und Paprikaschoten in Würfel schneiden. Kräuteressig mit Maiskeimöl und Gemüsebrühe verrühren, mit Salz, Pfeffer und Süßstoff pikant abschmecken und mit den Salatzutaten vermengen. Chicken Wings mit Maiskolben und Salat servieren.

Zubereitungszeit: ca. 10 Minuten
Marinierzeit: ca. 1 Stunde
Garzeit: ca. 20 Minuten

Für 4 Personen:

1 unbehandelte Limette
1 Knoblauchzehe
1 TL Tabasco
1 EL Tomatenmark
einige Tropfen flüssiger Süßstoff
Salz
4 Hähnchenflügel (à 50 g), mit Haut
4 gegarte Maiskolben
4 TL Kräuterbutter

FÜR DEN SALAT:
2 rote Zwiebeln
4 Fleischtomaten
je 2 grüne und gelbe Paprikaschoten
3 EL Kräuteressig
2 ½ TL Maiskeimöl (ersatzweise anderes Pflanzenöl)
2 EL Gemüsebrühe (1 Msp. Instant)
Pfeffer

Pro Person: 4 Points

PUTENBRATEN MIT PAPRIKASALAT

Für 4 Personen:

150 g Maismehl (Polenta)
500 ml Gemüsebrühe
(2 TL Instant)
600 g Putenfiletbraten
Salz
Pfeffer
1 Packung Fix für Salatsauce
2 TL Pflanzenöl
3 Tomaten
je 2 rote, gelbe, grüne
Paprikaschoten
1 Zwiebel

1. Maismehl in 250 ml kochende Gemüsebrühe einrühren und zugedeckt ca. 20 Minuten quellen lassen. Grießmasse ca. 2 cm dick auf ein mit Back-Folie ausgelegtes Backblech streichen, erkalten lassen und in Dreiecke schneiden.

2. Putenfiletbraten mit Salz und Pfeffer würzen und in einem beschichteten Bräter fettfrei rundherum anbraten. Restliche Brühe angießen und zugedeckt ca. 40 Minuten im vorgeheizten Backofen bei 200 Grad (Gas: Stufe 3) schmoren.

3. Fix für Salatsauce mit Öl zubereiten. Tomaten achteln, Paprikaschoten würfeln, Zwiebel fein würfeln und mit Salatsauce vermengen. Braten in Scheiben schneiden und mit Salat und Maisschnitten servieren.

Zubereitungszeit: ca. 15 Minuten
Garzeit: ca. 40 Minuten

Pro Person: 5 Points

Polenta: das norditalienische Nationalgericht

Früher war Polenta (Maismehlbrei) das Hauptnahrungsmittel für die arme Bevölkerung in Norditalien, denn Maismehl war sättigend und preiswert. Damals war die Herstellung mit Schwerstarbeit verbunden, da das Maismehl in einem Kupferkessel über offenem Feuer unter ständigem Rühren gegart wurde. Aus dem Arme-Leute-Essen entwickelte sich das berühmte Nationalgericht Norditaliens. Heutzutage ist Polenta von keiner Speisekarte mehr wegzudenken, als Vorspeise oder Beilage zu Fleisch-, Fisch- oder Gemüsegerichten.

NUDELN MIT PUTENGULASCH

Für 4 Personen:

480 g Putenbrustfilet
3 Zwiebeln
3 Paprikaschoten
1 Knoblauchzehe
2 TL Pflanzenöl
Salz
Pfeffer
Paprikapulver
500 ml Gemüsebrühe
(2 TL Instant)
240 g Nudeln, trocken
1 EL dunkler Saucenbinder
3 EL saure Sahne

1. Putenbrustfilet, Zwiebeln und Paprikaschoten würfeln, Knoblauchzehe hacken. Öl erhitzen, Puten-, Zwiebel- und Paprikawürfel mit Knoblauch darin kräftig anbraten. Mit Salz, Pfeffer und Paprikapulver würzen, Brühe angießen und zugedeckt ca. 20 Minuten schmoren.

2. Nudeln in reichlich Salzwasser nach Packungsanweisung bissfest garen.

3. Gulasch mit Saucenbinder andicken und saure Sahne einrühren. Nudeln mit Putengulasch servieren.

Zubereitungszeit: ca. 10 Minuten
Garzeit: ca. 30 Minuten

Pro Person: 6 Points

KARIBISCHE KOKOS-PFANNE

1. Reis nach Packungsanweisung garen und Kokosflocken darunter mengen.

2. Hähnchenbrustfilet würfeln und Lauch in Ringe schneiden. Öl in einer beschichteten Pfanne erhitzen und Fleischwürfel mit Ingwer darin anbraten. Kräftig mit Salz, Pfeffer und Currypulver würzen. Lauchringe dazu geben, Kokosmilch angießen und zugedeckt ca. 10 Minuten garen.

3. Ananas in Stücke schneiden, in die Pfanne geben, kurz mit erhitzen und mit Süßstoff, Salz und Pfeffer abschmecken. Reis mit der Kokos-Pfanne servieren.

Zubereitungszeit: ca. 30 Minuten
Garzeit: ca. 20 Minuten

Für 4 Personen:

160 g Reis, trocken
1 TL Kokosflocken
480 g Hähnchenbrustfilet
2 Stangen Lauch
1 TL Pflanzenöl
1 TL geriebener Ingwer
Salz
Pfeffer
Currypulver
150 ml Kokosnussmilch zum Kochen, Konzentrat
6 Scheiben Ananas (Konserve ohne Zucker)
einige Tropfen flüssiger Süßstoff

Pro Person: 6 Points

KAROTTEN-GEFLÜGEL-GULASCH MIT MAIS-REIS

Für 4 Personen:

120 g Reis, trocken
2 Tassen Hühnerfond (Glas), 300 ml
480 g Putenbrustfilet
2 Zwiebeln
6 Karotten
1 TL Pflanzenöl
250 g Magermilch-Joghurt
100 ml Orangensaft, ohne Zucker
1 TL Stärkemehl
1 TL Currypulver
Salz
Pfeffer
300 g Mais (Konserve)

1. Reis ca. 20 Minuten in 1 Tasse Hühnerfond und 150 ml Wasser garen.

2. Putenbrustfilet und Zwiebeln würfeln, Karotten in Scheiben schneiden. Öl in einer Pfanne erhitzen, Fleisch-, Zwiebelwürfel und Karottenscheiben darin anbraten. Restlichen Hühnerfond angießen und zugedeckt ca. 20 Minuten schmoren.

3. Joghurt und Orangensaft mit Stärkemehl und Currypulver verrühren und zu dem Gulasch geben. Einmal aufkochen lassen und mit Salz und Pfeffer abschmecken.

4. Reis und Mais vermengen und zum Karotten-Geflügel-Gulasch servieren.

Zubereitungszeit: ca. 10 Minuten
Garzeit: ca. 25 Minuten

Pro Person: 5 Points

CURRY-HUHN MIT MANGOLD

1. Joghurt, Mehl und Currypulver verrühren. Hähnchenbrustfilet in Streifen schneiden und ca. 30 Minuten in der Joghurt-Marinade einlegen.

2. Knoblauchzehen fein hacken, Karotten in feine Stifte und Mangold in breite Streifen schneiden. Knoblauch und Karotten in einer beschichteten Pfanne fettfrei anrösten und Mangold kurz mit anschwitzen. Fleisch mit Marinade und Brühe hinzugeben und zugedeckt ca. 10 Minuten garen. Alles mit Kreuzkümmel, Salz und Pfeffer abschmecken und mit Reis servieren.

Zubereitungszeit: ca. 10 Minuten
Marinierzeit: ca. 30 Minuten
Garzeit: ca. 15 Minuten

Für 4 Personen:

250 g fettarmer Joghurt
1 TL Mehl
2 TL Currypulver
360 g Hähnchenbrustfilet
2 Knoblauchzehen
2 Karotten
600 g Mangold
125 ml Gemüsebrühe
(½ TL Instant)
1 Msp. Kreuzkümmel
Salz
Pfeffer
320 g gegarter Reis

Pro Person: 4 Points

PUTENROLLE MIT ROSMARIN-KARTOFFELN

Für 4 Personen:

4 TL Halbfettmargarine
2 TL Salz
4 TL Rosmarin
12 mittelgroße Kartoffeln
2 Knoblauchzehen
4 EL Frischkäse (30 % Fett i. Tr.)
abgeriebene Schale einer unbehandelten Zitrone
4 TL gemischte Gartenkräuter
Pfeffer
480 g Putenbrustfilet
1 Kopfsalat
4 Tomaten
½ Packung Fix für Salatsauce
2 TL Pflanzenöl

1. Backblech mit Margarine einstreichen und Salz und Rosmarin darüber streuen. Kartoffeln gründlich waschen, längs halbieren und mit den Schnittflächen auf das Backblech legen. Kartoffeln im vorgeheizten Backofen bei 175 Grad (Gas: Stufe 2) ca. 45 Minuten garen.

2. Knoblauchzehen fein hacken, mit Frischkäse, Zitronenschale und Kräutern vermengen und mit Salz und Pfeffer würzen. Putenbrustfilet vorsichtig einschneiden, zu einer Platte aufklappen und mit Frischkäse-Masse bestreichen. Fleisch aufrollen und fest mit Aluminiumfolie umwickeln. Putenrolle zu den Rosmarinkartoffeln in den Backofen geben und ca. 30 Minuten garen.

3. In der Zwischenzeit Salat zerkleinern und Tomaten in Spalten schneiden. Fix für Salatsauce mit Öl und 3 Esslöffeln Wasser anrühren und zum Salat geben. Salat mit Putenrolle und Rosmarinkartoffeln servieren.

Zubereitungszeit: ca. 10 Minuten
Garzeit: ca. 45 Minuten

Pro Person: 5 Points

GEFLÜGEL-RAGOUT

Für 4 Personen:

2 Stangen Lauch
3 Karotten
480 g Hähnchenbrustfilet
Salz
2 TL Halbfettmargarine
2 EL Mehl
125 ml fettarme Milch
4 EL junge grüne Erbsen (TK)
250 g Champignons
weißer Pfeffer
320 g gegarter Reis

1. Lauch und Karotten grob zerkleinern. Gemüse und Hähnchenbrustfilet mit Salzwasser bedecken, aufkochen und im geschlossenen Topf ca. 30 Minuten garen.

2. Fleisch herausnehmen und in mundgerechte Stücke schneiden. Fond durch ein feines Sieb gießen. Gemüse nach Wunsch klein schneiden und mit verwenden.

3. Margarine und Mehl verkneten. Milch und 500 ml Geflügelfond aufkochen, Erbsen und Champignons darin ca. 5 Minuten garen und mit »Mehlbutter« andicken. Fleisch und restliches Gemüse in die Sauce geben, erhitzen und alles mit Salz und Pfeffer abschmecken. Geflügel-Ragout mit Reis servieren.

Zubereitungszeit: ca. 10 Minuten
Garzeit: ca. 45 Minuten

Pro Person: 5 Points

ENTENBRUST MIT BROCCOLI UND MANDELN

1. Fleisch in Streifen schneiden, mit Stärke bestäuben und einmassieren. Broccoli in Röschen teilen und in Salzwasser ca. 5 Minuten blanchieren. Eiskalt abschrecken und gut abtropfen lassen.

2. Zwiebeln vierteln, Knoblauchzehe fein hacken und Pilze halbieren. Öl im Wok erhitzen, Mandeln darin von allen Seiten anrösten und beiseite stellen. Knoblauch andünsten, Fleischstreifen zufügen, mit Ingwerpulver würzen, von allen Seiten knusprig anbraten, herausnehmen und beiseite stellen.

3. Zwiebeln, Broccoli und Pilze in den Wok geben, salzen und unter Rühren bei starker Hitze anbraten. Sojasaucen mit Brühe verrühren, angießen und aufkochen. Fleisch und Mandeln unterheben, abschmecken und mit Nudeln servieren.

Zubereitungszeit: ca. 10 Minuten
Garzeit: ca. 15 Minuten

Für 4 Personen:

300 g Entenbrustfilet, ohne Haut
1 TL Stärkemehl
800 g Broccoli
Salz
4 Zwiebeln
1 Knoblauchzehe
200 g chinesische Pilze (ersatzweise Champignons)
3 TL Sesamöl (ersatzweise Pflanzenöl)
20 g Mandeln
Ingwerpulver
2 EL helle Sojasauce
2 EL süße Sojasauce
100 ml Gemüsebrühe (1 TL Instant)
360 g gegarte chinesische Eiernudeln

Pro Person: 6 Points

LIMETTEN-KALBSSCHNITZEL

Für 4 Personen:

2 Limetten (ersatzweise Zitronen)
4 dünne Scheiben Kalbsschnitzel (500 g)
6 TL Limettensaft
2 Eier
3 TL Senf
Salz
Pfeffer
2 EL saure Sahne
4 EL Mehl
2 TL Pflanzenöl
500 g Broccoli
1 EL gehackte Petersilie
200 g gegarter Basmati-Reis

1. Limetten in dünne Scheiben schneiden. Schnitzel flach klopfen und mit Limettensaft beträufeln. Eier mit Senf, Salz, Pfeffer, saurer Sahne und 3 Esslöffeln Mehl verquirlen. Schnitzel zuerst in Mehl wenden, dann von beiden Seiten durch die Eier-Panade ziehen.

2. Öl in einer beschichteten Pfanne erhitzen, Schnitzel von beiden Seiten braten, herausnehmen und warm stellen. Bratensaft mit Limettenscheiben aufkochen und bei milder Hitze etwas einkochen.

3. Broccoli in Röschen teilen und in kochendem Salzwasser ca. 5 Minuten garen. Petersilie unter den Reis rühren, mit Salz und Pfeffer abschmecken. Limettenscheiben auf die Schnitzel geben und mit Broccoli und Petersilien-Reis servieren.

Zubereitungszeit: ca. 10 Minuten
Garzeit: ca. 15 Minuten

Pro Person: 5 Points

GEFÜLLTE KALBSROULADEN

Für 4 Personen:

2 TL Senf
2 EL Frischkäse
(30 % Fett i. Tr.)
Salz
Pfeffer
1 Msp. Paprikapulver
150 g Champignons
1 Stange Lauch
4 dünne Kalbsschnitzel
(à 125 g)
200 ml Gemüsebrühe
(1 TL Instant)
10 Schalotten (ersatzweise
3 Zwiebeln)
1 TL Zucker
2 EL heller Saucenbinder
(Instantpulver)
1 TL Thymian
4 große Karotten
250 g fettarmer Joghurt
einige Tropfen
flüssiger Süßstoff
12 mittelgroße, gekochte
Kartoffeln

1. Senf und Frischkäse verrühren, mit Salz, Pfeffer und Paprikapulver würzen. Champignons in Scheiben, Lauch in Ringe schneiden. Kalbsschnitzel platt klopfen und mit Frischkäsemasse bestreichen. Champignonscheiben und Lauchringe darauf verteilen, Kalbsrouladen fest aufrollen, mit Garn umwickeln oder feststecken.

2. Kalbsrouladen in eine feuerfeste Form legen, 100 ml Gemüsebrühe angießen und im vorgeheizten Backofen bei 200 Grad (Gas: Stufe 3) ca. 35 Minuten schmoren.

3. Schalotten in Spalten schneiden und in einer beschichteten Pfanne fettfrei anbraten. Zucker darüber streuen und karamellisieren lassen. Restliche Gemüsebrühe angießen und mit Saucenbinder andicken. Sauce mit Thymian, Salz und Pfeffer abschmecken.

4. Karotten grob raspeln, mit Joghurt vermengen und mit Salz, Pfeffer und Süßstoff abschmecken. Kalbsrouladen mit Kartoffeln, Schalottensauce und Karottensalat servieren.

Zubereitungszeit: ca. 20 Minuten
Garzeit: ca. 35 Minuten

Pro Person: 5 Points

VITELLO TONNATO
(KALBFLEISCH MIT THUNFISCHSAUCE)

1. Zwiebel fein hacken, Karotten und Sellerie in Würfel schneiden. Tomaten kreuzweise einritzen, überbrühen, häuten, entkernen und in Würfel schneiden. Oliven in Scheiben schneiden und Petersilie grob hacken.

2. Kalbsbraten salzen, pfeffern und mit Senf bestreichen. Öl in einem Topf erhitzen, Fleisch hineinsetzen und von allen Seiten anbraten. Vorbereitetes Gemüse, Kapern, Lorbeerblätter und Pfefferkörner zufügen und unter mehrmaligem Wenden anbraten. Wein angießen,Thunfisch zufügen und bei schwacher Hitze ca. 15 Minuten schmoren.

3. Fleisch herausnehmen (es sollte in der Mitte noch zartrosa sein) und beiseite stellen. Brühe angießen und weitere ca. 10 Minuten einkochen. Sauce pürieren und Sauerrahm und Petersilie einrühren. Sauce nach Geschmack mit Salz und Pfeffer würzen.

4. Kalbfleisch in dünne Scheiben schneiden. Sauce auf 4 Tellern verteilen und Kalbfleischscheiben fächerförmig darauf anrichten. Vitello tonnato mit Baguette servieren.

Zubereitungszeit: ca. 10 Minuten
Garzeit: ca. 30 Minuten

Für 4 Personen:

1 Zwiebel
4 Karotten
1 kleine Sellerieknolle
2 Fleischtomaten
10 grüne Oliven, gefüllt mit Paprika
1 Bund Petersilie
500 g Kalbsbraten, mager
Salz, Pfeffer
1 EL Senf
4 TL Olivenöl
2 EL Kapern
3 Lorbeerblätter
1 TL grüne Pfefferkörner
100 ml trockener Weißwein
120 g Thunfisch, im eigenen Saft, Konserve
300 ml Gemüsebrühe (2 TL Instant)
3 EL Sauerrahm (Schmand, 24 % Fett)
4 Scheiben Baguettebrot

Pro Person: 6,5 Points

SCHWEINEGESCHNETZELTES IM VERSTECK

Für 4 Personen:

200 g Backmischung für Sauerteigbrot
3 Schweineschnitzel (450 g)
500 g Champignons
1 Bund Frühlingszwiebeln
2 TL Pflanzenöl
4 EL saure Sahne
Salz
Pfeffer
1 Kopfsalat
4 Tomaten
2 EL Essig
1 TL Kräuter
4 mittelgroße gekochte Kartoffeln

1. Backmischung nach Packungsanweisung mit Wasser anrühren, zu einem glatten Teig verkneten und zugedeckt ca. 30 Minuten gehen lassen.

2. Schweineschnitzel in Streifen, Champignons in Scheiben und Frühlingszwiebeln in breite Ringe schneiden. 1 Teelöffel Öl in einer Pfanne erhitzen und Fleischstreifen darin knusprig braun braten. Champignonscheiben, Frühlingszwiebelringe und saure Sahne zugeben und mit Salz und Pfeffer kräftig würzen. Fleisch-Gemüse-Mischung in eine Auflaufform geben.

3. Teig nochmals kräftig durchkneten und etwas größer als die Form ausrollen. Auflauf mit dem Brotteig abdecken, mit Wasser bestreichen, mit restlichem Teig verzieren und im vorgeheizten Backofen bei 200 Grad (Gas: Stufe 3) ca. 40 Minuten backen.

4. Salat in mundgerechte Stücke zupfen und Tomaten in Scheiben schneiden. Restliches Öl mit Essig und Kräutern verrühren und zum Salat geben. Geschnetzeltes mit Kartoffeln und Salat servieren.

Zubereitungszeit: ca. 15 Minuten
Ruhezeit: ca. 30 Minuten
Garzeit: ca. 50 Minuten

Pro Person: 7 Points

STIFADO

(FLEISCHRAGOUT MIT ZWIEBELN)

Für 4 Personen:

500 g Kalbfleisch, mager
2 Knoblauchzehen
2 TL Olivenöl
250 g kleine weiße Zwiebeln
800 g geschälte Tomaten (Konserve)
100 ml trockener Rotwein
2 Lorbeerblätter
1 EL Zimt
½ TL Kreuzkümmel
1 EL Zucker
Salz
Pfeffer
1 kg gekochte Kartoffeln

FÜR DEN WEISSKOHLSALAT:
1 kleiner Kopf Weißkohl (ca. 400 g)
3 EL Weißweinessig
3 EL Brühe (½ TL Instant)
4 TL Olivenöl
2 TL Thymian
einige Tropfen flüssiger Süßstoff

1. Kalbfleisch in Würfel schneiden. Knoblauchzehen zerdrücken. Öl in einem Topf erhitzen, Knoblauch kurz andünsten, Fleisch zugeben und von allen Seiten ca. 8 Minuten anbraten. Zwiebeln zugeben und kurz mitdünsten. Mit Tomaten und Rotwein ablöschen, Gewürze und Zucker zufügen, salzen, pfeffern und ca. 20 Minuten schmoren.

2. Für den Salat Weißkohl in feine Streifen schneiden und in kochendem Salzwasser ca. 3 Minuten blanchieren. Essig, Brühe, Öl und Thymian verrühren, mit Salz, Pfeffer und Süßstoff abschmecken. Dressing mit Weißkohl vermengen und ca. 15 Minuten ziehen lassen. Stifado abschmecken und mit Kartoffeln und Salat servieren.

Zubereitungszeit: ca. 10 Minuten
Garzeit: ca. 30 Minuten
Marinierzeit: ca. 15 Minuten

Pro Person: 6 Points

KRÄUTER-BRATEN

1. Knoblauchzehen zerdrücken, Erdnüsse hacken, mit Kräutern und 2 Teelöffeln Olivenöl mischen. Mit Salz und Pfeffer würzen.

2. Fleisch aufschneiden, so dass eine flache Scheibe entsteht. Kräutermischung darauf verteilen, zusammenrollen und mit Küchengarn umwickeln. Restliches Öl erhitzen und Braten darin rundherum anbraten.

3. Gemüsebrühe angießen und zugedeckt bei schwacher Hitze ca. 1 ½ Stunden schmoren lassen. Zum Mitnehmen Rollbraten ca. 3 Stunden auskühlen lassen und in Folie einwickeln.

Für 6 Personen:

2 Knoblauchzehen
2 EL Erdnüsse
5 EL italienische Kräuter (TK)
6 TL Olivenöl
Salz
Pfeffer
750 g Schweinebraten, mager
150 ml Gemüsebrühe (1 TL Instant)

Zubereitungszeit: ca. 15 Minuten
Garzeit: ca. 1 Stunde 30 Minuten
Kühlzeit: ca. 3 Stunden

Pro Person: 4 Points

Der Braten zum Mitnehmen

Der Kräuter-Braten lässt sich ausgekühlt sowohl im Ganzen als auch in Scheiben geschnitten problemlos transportieren. Im Büro oder in der Schule können Sie dünne Bratenscheiben hervorragend als Brotbelag genießen. Auf langen Fahrten stärkt er während der Pausen. Er schmeckt kalt besonders gut zu Salaten. Bereiten Sie z.B. einen **Krautsalat** dazu: Weißkohl in feine Streifen schneiden, salzen und etwas ziehen lassen. Mit Karottenstiften vermengen und mit einem Dressing aus Essig, Apfelsaft und Petersilie würzen.

SCHWEINEMEDAILLONS IN WÜRZIGER WEINSAUCE

Für 4 Personen:

600 g Schweinefilet
Salz
Pfeffer
6 rote Zwiebeln
3 Knoblauchzehen
2 TL Olivenöl
300 ml Gemüsebrühe
(2 TL Instant)
100 ml trockener Weißwein
1 TL gehackter Rosmarin
1 TL gehackter Thymian
1 EL heller Saucenbinder
(Instantpulver)
1 EL saure Sahne
400 g gegarte Wildreis-Mischung
600 g gegarte Broccoliröschen

1. Schweinefilet in ca. 3 cm breite Medaillons schneiden und mit Salz und Pfeffer würzen. Zwiebeln achteln und Knoblauchzehen hacken. Olivenöl in einem Bräter oder Pfanne erhitzen, die Medaillons darin von beiden Seiten ca. 5 Minuten anbraten, Zwiebeln und Knoblauch zugeben und kurz mitbraten. Mit Gemüsebrühe und Wein ablöschen, Rosmarin und Thymian zugeben und im vorgeheizten Backofen bei 180 Grad (Gas: Stufe 2) ca. 10 Minuten abgedeckt schmoren lassen.

2. Medaillons herausnehmen und warm stellen. Sauce nochmal aufkochen lassen und unter Rühren den Saucenbinder einstreuen. Hitze reduzieren, saure Sahne einrühren und mit Salz und Pfeffer abschmecken. Medaillons mit Sauce auf Tellern anrichten und mit Reis und Broccoliröschen servieren.

Zubereitungszeit: ca. 15 Minuten
Garzeit: ca. 20 Minuten

Pro Person: 6,5 Points

GEBRATENE SCHWEINELENDE MIT GEMÜSE

Für 4 Personen:

8 EL saure Sahne
200 ml Gemüsebrühe
(½ TL Instant)
1 Msp. geriebene Muskatnuss
Salz
1 kg Kartoffeln
600 g Broccoli
2 TL Pflanzenmargarine
200 g junge grüne Erbsen
weißer Pfeffer
4 Scheiben Schweinelende, mager (à 150 g)

1. Saure Sahne und 150 ml Gemüsebrühe verrühren und mit Muskatnuss und Salz würzen. Kartoffeln fein hobeln und abwechselnd mit Guss in eine flache Auflaufform schichten. Mit Guss enden und im vorgeheizten Backofen bei 200 Grad (Gas: Stufe 3) ca. 40 Minuten garen.

2. Broccoli in Röschen teilen. Margarine erhitzen, Broccoli andünsten, Erbsen und restliche Gemüsebrühe hinzugeben und ca. 10 Minuten garen. Gemüse mit Salz, Pfeffer und Muskatnuss würzen.

3. Fleisch mit Salz und Pfeffer würzen. Brat-Folie in einer Pfanne erhitzen und das Fleisch darauf von jeder Seite ca. 5 Minuten braten. Fleisch mit Kartoffelgratin und Gemüse servieren.

Zubereitungszeit: ca. 20 Minuten
Garzeit: ca. 40 Minuten

Pro Person: 7 Points

SCHWEINEFILET IN CURRY-APRIKOSEN-SAUCE

1. Reis fettfrei anschwitzen, 250 ml Salzwasser angießen und zugedeckt ca. 15 Minuten quellen lassen. Erbsen hinzu geben und weitere 5 Minuten garen.

2. Aprikosen abtropfen lassen und 100 ml Saft auffangen. Aprikosen würfeln, Fleisch in feine Streifen und Zwiebeln in Ringe schneiden.

3. Öl in einer beschichteten Pfanne oder in einem Wok erhitzen. Fleisch darin ca. 5 Minuten braten, herausnehmen und beiseite stellen. Zwiebelringe in dem Bratsatz andünsten, mit Currypulver bestäuben und mit Geflügelfond ablöschen.

4. Stärkemehl in dem Aprikosensaft anrühren, zu den Zwiebelringen geben und aufkochen. Aprikosenwürfel und Fleisch in die Sauce geben und mit Sojasauce, Salz und Pfeffer abschmecken. Schweinefilet mit Sauce und Erbsen-Reis servieren.

Zubereitungszeit: ca. 10 Minuten
Garzeit: ca. 20 Minuten

Für 4 Personen:

120 g Reis, trocken
Salz
4 EL junge grüne Erbsen (TK)
1 kleine Dose Aprikosen, ohne Zucker
375 g mageres Schweinefilet
2 Zwiebeln
1 TL Pflanzenöl
1 TL Currypulver
200 ml Geflügelfond (ersatzweise Gemüsebrühe)
1 TL Stärkemehl
100 ml Aprikosensaft, ohne Zucker (Konserve)
2 EL Sojasauce
Pfeffer

Pro Person: 4 Points

SCHNITZEL PROVENÇALE

Für 4 Personen:

2 Knoblauchzehen
2 EL Frischkäse (30 % Fett i. Tr.)
1 TL Kräuter der Provence
1 Eigelb
Salz
Pfeffer
4 Schmetterlingssteaks (Schweineschnitzel, à 150 g)
250 ml Gemüsebrühe (1 TL Instant)
2 Zwiebeln
2 kleine Zucchini
2 gelbe Paprikaschoten
2 TL Olivenöl
150 g Kirschtomaten
2 Baguettebrötchen

1. Knoblauchzehen fein hacken und die Hälfte mit Frischkäse, Kräutern der Provence und Eigelb vermengen. Masse mit Salz und Pfeffer würzen.

2. Frischkäsemischung in die Schmetterlingssteaks füllen, mit Holzspießen zustecken und mit Salz und Pfeffer bestreuen. Fleisch in einen flachen Bräter legen, die Hälfte der Brühe angießen und im vorgeheizten Backofen bei 200 Grad (Gas: Stufe 3) ca. 20 Minuten schmoren.

3. Zwiebeln grob würfeln, Zucchini in Scheiben und Paprikaschoten in breite Streifen schneiden. Öl in einer beschichteten Pfanne erhitzen und Gemüse mit restlichem Knoblauch darin anbraten. Restliche Brühe angießen und bei kleiner Hitze ca. 10 Minuten schmoren. Kirschtomaten halbieren, zu dem Gemüse geben und mit Salz und Pfeffer abschmecken. Schnitzel mit Gemüse und frischem Baguettebrötchen servieren.

Zubereitungszeit: ca. 15 Minuten
Garzeit: ca. 25 Minuten

Pro Person: 6 Points

ASIA-PFANNE MIT HACKBÄLLEN

Für 4 Personen:

120 g Reis, trocken
Salz
1 Zwiebel
480 g Tatar
1 Ei
Pfeffer
2 EL Sojasauce
Currypulver
je 1 rote, gelbe und grüne Paprikaschote
3 Karotten
400 g Sojasprossen
200 g Bambussprossen (Konserve)
100 ml Wasser
1 TL Ketchup

1. Reis nach Packungsanweisung ca. 20 Minuten in Salzwasser garen.

2. Zwiebel würfeln und mit Tatar, Ei, Salz, Pfeffer, 1 Teelöffel Sojasauce und Currypulver vermengen. Kleine Bälle formen und auf Brat-Folie ca. 10 Minuten rundherum braten.

3. Paprikaschoten in Stücke, Karotten in Streifen schneiden und in einer beschichteten Pfanne fettfrei anbraten. Soja- und Bambussprossen hinzufügen. Mit Wasser ablöschen und mit restlicher Sojasauce, Ketchup, Salz und Pfeffer abschmecken. Hackbälle und Reis darunter mengen und heiß servieren.

Zubereitungszeit: ca. 20 Minuten
Garzeit: ca. 30 Minuten

Pro Person: 4 Points

SCHMORBRATEN MIT ROSMARINSAUCE

Für 4 Personen:

4 große Knoblauchzehen
500 g Rinderfilet
10 kleine Zweige Rosmarin
2 Zwiebeln
400 g Champignons
300 ml dunkler Rinderfond (Glas, ersatzweise Gemüsebrühe)
1 kg Kartoffeln
1 kg Broccoli
Salz
4 EL dunkler Saucenbinder (Instantpulver)
4 EL saure Sahne
Pfeffer

1. Knoblauchzehen längs halbieren oder vierteln. Mit einem spitzen Küchenmesser kleine Schnitte in das Rinderfilet schneiden. Knoblauchspalten und 5 Rosmarinzweige in die vorbereiteten Taschen stecken.

2. Fleisch in einen beschichteten Bräter legen und im vorgeheizten Backofen bei 220 Grad (Gas: Stufe 3) ca. 10 Minuten anbraten. Zwiebeln grob würfeln, mit Champignons, restlichem Rosmarin und Rinderfond zum Fleisch geben und zugedeckt ca. 20 Minuten schmoren.

3. Kartoffeln und Broccoli jeweils ca. 20 Minuten in Salzwasser garen.

4. Fleisch aus dem Bräter nehmen und abgedeckt einige Minuten ruhen lassen. Rosmarinsauce mit 100 ml Wasser auffüllen, mit Saucenbinder andicken und nochmals aufkochen lassen. Saure Sahne einrühren und mit Salz und Pfeffer abschmecken. Fleisch in Scheiben schneiden und mit Rosmarinsauce, Kartoffeln und Broccoli servieren.

Zubereitungszeit: ca. 30 Minuten
Garzeit: ca. 40 Minuten

Pro Person: 6 Points

ROTKOHL-ROULADEN

Für 4 Personen:

1 Brötchen vom Vortag
Salz
2 EL Obstessig
8 große Rotkohlblätter
1 Zwiebel
200 g Champignons
240 g Tatar
1 Ei
Pfeffer
½ TL Thymian
3 TL Pflanzenöl
250 ml Gemüsebrühe
(1 TL Instant)
2 EL saure Sahne
1 TL Mehl
12 mittelgroße, gekochte Kartoffeln

1. Brötchen in Wasser einweichen. Salzwasser mit Essig aufkochen, Rotkohlblätter darin ca. 3 Minuten blanchieren und die dicken Blattstiele flachschneiden.

2. Zwiebel und Champignons fein hacken, Brötchen gut ausdrücken und alles mit Tatar und Ei vermengen. Mit Salz, Pfeffer und Thymian kräftig würzen. Tatarmasse in 8 Portionen teilen, jeweils in 1 Rotkohlblatt einrollen und mit Küchengarn umwickeln.

3. Öl in einem breiten Topf erhitzen und Rouladen darin rundherum anbraten. Gemüsebrühe angießen und zugedeckt ca. 25 Minuten schmoren. Rouladen herausnehmen, saure Sahne mit Mehl verrühren und in die Sauce rühren. Mit Salz und Pfeffer abschmecken. Rotkohl-Rouladen mit Kartoffeln und Sauce servieren.

Zubereitungszeit: ca. 20 Minuten
Garzeit: ca. 30 Minuten

Pro Person: 5 Points

CHILI CON CARNE

Für 4 Personen:

300 g Tatar (ersatzweise Geflügeltatar)
4 Zwiebeln
4 Knoblauchzehen
1 rote Chilischote
je 2 rote und grüne Paprikaschoten
400 g Tomaten
100 g Kidneybohnen (Konserve)
100 g Mais (Konserve)
1 EL Jalapeñoschotenringe (Konserve, ersatzweise grüne Chilischoten)
Salz
einige Tropfen flüssiger Süßstoff
Kreuzkümmel
Koriander
4 Scheiben Baguettebrot

1. Tatar fettfrei anbraten. Zwiebeln in Würfel schneiden, Knoblauchzehen und Chilischote fein hacken. Alles zum Tatar geben und mitdünsten. Paprikaschoten in Würfel schneiden, Tomaten überbrühen, häuten, entkernen und in Würfel schneiden. Beides zum Chili geben und abgedeckt ca. 15 Minuten schmoren lassen.

2. Kidneybohnen, Mais und Jalapeños zugeben und miterwärmen. Chili con carne mit Salz, Süßstoff, Kreuzkümmel und Koriander abschmecken und zu Baguettebrot servieren.

Zubereitungszeit: ca. 10 Minuten
Garzeit: ca. 20 Minuten

Pro Person: 3 Points

GRIECHISCHE LAMMKOTELETTS

1. Lammkoteletts salzen und pfeffern. Öl in einer beschichteten Pfanne erhitzen, Koteletts von beiden Seiten ca. 5 Minuten braun braten und warm stellen. Tomaten kreuzweise einritzen, mit kochendem Wasser überbrühen, häuten und entkernen. Fruchtfleisch mit den Zwiebeln fein würfeln und beides in verbliebenem Bratfett ca. 5 Minuten dünsten.

2. Paprikapulver, Lorbeerblatt und Rosmarin zufügen. Wein und Brühe angießen und ca. 5 weitere Minuten köcheln lassen. Oliven in Scheiben schneiden, zur Sauce geben und alles mit Salz und Pfeffer pikant abschmecken. Koteletts mit Sauce auf Tellern anrichten und Brötchen dazu servieren.

Zubereitungszeit: ca. 10 Minuten
Garzeit: ca. 15 Minuten

Für 4 Personen:

4 Lammkoteletts (à 80 g)
Salz
grober Pfeffer
3 TL Olivenöl
6 Fleischtomaten
2 Zwiebeln
1 TL Paprikapulver
1 Lorbeerblatt
4 Zweige Rosmarin
100 ml trockener, griechischer Rotwein
100 ml Gemüsebrühe (1 TL Instant)
100 g grüne Oliven, ohne Stein
4 Brötchen

Pro Person: 8 Points

SCHARFES WOK-GEMÜSE MIT LAMM

Für 4 Personen:

375 g Lammfilet (ersatzweise 450 g Schweinefilet)
1 Zwiebel
2 Knoblauchzehen
je 1 rote und gelbe Paprikaschote
1 kleiner Chinakohl
1 Bund Frühlingszwiebeln
4 Karotten
1 Zucchini
3 TL Erdnussöl (ersatzweise Sonnenblumenöl)
Salz, Pfeffer
200 g Bambussprossen (Konserve)
2 EL Sojasauce
1 TL Essig
Ingwerpulver, Chilipulver
einige Tropfen flüssiger Süßstoff
320 g gegarter Duftreis (ersatzweise Basmati-Reis)

1. Lammfilet in Streifen schneiden. Zwiebel in feine Ringe schneiden und Knoblauchzehen hacken. Paprikaschoten und Chinakohl in Streifen schneiden. Frühlingszwiebeln in Ringe, Karotten in Stifte und Zucchini in Scheiben schneiden.

2. Öl in einem Wok erhitzen, Fleisch darin unter ständigem Rühren von allen Seiten anbraten, salzen, pfeffern und an den Rand des Woks schieben. Vorbereitetes Gemüse mit Bambussprossen, Sojasauce und Essig zufügen und unter Rühren ca. 10 Minuten bissfest garen. Fleisch wieder unterrühren und alles mit Ingwer-, Chilipulver und Süßstoff abschmecken und mit Reis servieren.

Zubereitungszeit: ca. 10 Minuten
Garzeit: ca. 15 Minuten

Pro Person: 5 Poins

LAMMFILET MIT KRÄUTERKRUSTE

Für 4 Personen:

375 g Lammfilet
Salz
Zitronenpfeffer (ersatzweise weißer Pfeffer)
4 Knoblauchzehen
4 TL Olivenöl
2 Zweige Rosmarin
2 Zweige Thymian
2 EL Paniermehl
2 TL Senf
2 EL Tomatenmark
320 g gekochte Kartoffeln
200 g Karotten
1 Stange Lauch
300 g Champignons
2 rote Paprikaschoten
100 ml Gemüsebrühe (1 TL Instant)
1 TL Kräuter der Provence

1. Lammfilet mit Salz und Zitronenpfeffer würzen, Knoblauchzehen zerdrücken. Öl in einer Pfanne erhitzen, Knoblauch kurz andünsten und Lammfilet von beiden Seiten ca. 5 Minuten anbraten. Rosmarin und Thymian fein hacken, mit Paniermehl, Senf und Tomatenmark verrühren, mit Salz und Pfeffer würzen, auf dem Filet verstreichen und im vorgeheizten Backofen bei 180 Grad (Gas: Stufe 2) ca. 10 Minuten garen.

2. Kartoffeln und Karotten würfeln, Lauch in Ringe, Champignons in Scheiben und Paprikaschoten in Streifen schneiden. Das Gemüse in einer Pfanne kurz andünsten, mit Brühe ablöschen und ca. 10 Minuten garen. Mit Salz, Pfeffer und Kräutern der Provence abschmecken und zum Lammfilet servieren.

Zubereitungszeit: ca. 15 Minuten
Garzeit: ca. 25 Minuten

Pro Person: 4,5 Points

SÜSSSPEISEN, DESSERTS, GEBÄCK

MILCHREIS-KIRSCH-AUFLAUF

Für 4 Personen:

500 ml fettarme Milch
einige Tropfen Vanillearoma
einige Tropfen flüssiger Süßstoff
200 g Milchreis, trocken
150 g Kirschen (Konserve ohne Zucker)
2 Eiweiß
1 Prise Salz

1. Milch mit Vanillearoma und Süßstoff aufkochen, Reis einrühren und zugedeckt ca. 30 Minuten quellen lassen.

2. Kirschen abtropfen lassen. Eiweiß mit Salz steif schlagen und unter den Reis heben.

3. Die Hälfte des Milchreis in eine flache Auflaufform geben, Kirschen und restlichen Milchreis darüber verteilen. Milchreis-Kirsch-Auflauf im vorgeheizten Backofen bei 180 Grad (Gas: Stufe 2) ca. 20 Minuten backen.

Zubereitungszeit: ca. 15 Minuten
Garzeit: ca. 50 Minuten

Pro Person: 4 Points

GEFÜLLTE APRIKOSEN

1. Puddingpulver mit etwas Milch anrühren, restliche Milch und Kaffee erhitzen. Puddingpulver einrühren, aufkochen und abkühlen lassen.

2. Aprikosen kreuzweise einritzen, mit kochendem Wasser überbrühen und Haut abziehen. Aprikosen halbieren und Stein entfernen.

3. Kaffee-Karamellpudding, Quark und Crème fraîche mit dem Handrührgerät aufschlagen und mit Süßstoff abschmecken. Puddingmasse in einen Spritzbeutel füllen und in die Aprikosenhälften spritzen. Mit Pistazien bestreut auf einer Platte servieren.

Für 10 Stück:

4 EL Karamell-Puddingpulver
250 ml fettarme Milch
125 ml frisch gekochter Kaffee
5 Aprikosen
6 EL Magerquark
4 TL Crème fraîche
einige Tropfen flüssiger Süßstoff
2 TL gehackte Pistazien

Zubereitungszeit: ca. 15 Minuten
Garzeit: ca. 5 Minuten
Kühlzeit: ca. 20 Minuten

Pro Stück: 1 Point

BIRNEN-PFANNKUCHEN

Für 4 Personen:

220 g Mehl
375 ml fettarme Milch
2 Eier
einige Tropfen
flüssiger Süßstoff
300 g Magermilch-Joghurt
1 TL gemahlener Zimt
2 Birnen
Saft einer Zitrone

1. Mehl mit Milch, Eiern und Süßstoff verrühren und etwas quellen lassen.

2. Joghurt mit Zimt und Süßstoff abschmecken.

3. Birnen in Spalten schneiden, mit Zitronensaft beträufeln und unter den Teig geben. In einer beschichteten Pfanne nacheinander 4 Birnen-Pfannkuchen gold-gelb backen und mit Zimt-Joghurt servieren.

Zubereitungszeit: ca. 10 Minuten
Garzeit: ca. 15 Minuten

Pro Person: 5 Points

Zimt gehört in jede Küche

Zimt ist die getrocknete Rinde des Zimtstrauches, der in Asien angebaut wird. In den Handel kommt die Rinde entweder aufgerollt als »Zimtstange« oder gemahlen als Pulver. Zimtpulver verliert schnell an Aroma, während Zimtstangen sich mindestens 2 Jahre bei kühler und dunkler Lagerung halten. Zimt hat einen würzig-süßlichen Geschmack und wird deshalb hierzulande vor allem bei Süßspeisen verwendet. In der orientalischen Küche verfeinert er auch herzhafte Gemüse- und Fleischgerichte.
Geschmackvolle Partner in der Zimtküche:
Süße Küche: hier harmoniert Zimt sehr gut mit Nelken und Vanille
Pikante Küche: passt zu Muskat, Chili, Cayennepfeffer und Koriander.

SCHLEMMERBECHER TRICOLORE

Für 4 Personen:

450 g Sauerkirschen (Konserve ohne Zucker)
200 ml Kirschsaft, ohne Zucker
1 Packung roter Tortenguss, ohne Zucker
einige Tropfen flüssiger Süßstoff
einige Tropfen Rumaroma
2 Scheiben Pumpernickel
1 TL Pflanzenmargarine
3 TL gehackte Mandeln
6 EL Magerquark
150 g fettarmer Joghurt
1 TL Zitronensaft

1. Sauerkirschen mit Saft aufkochen, Tortenguss nach Packungsanweisung mit Wasser anrühren und die Kirschen damit andicken. Kirschen mit Süßstoff und Rumaroma abschmecken, in dekorative Dessertgläser füllen und erkalten lassen.

2. Pumpernickel fein hacken. Margarine in einer beschichteten Pfanne erhitzen, Brotkrümel mit Mandeln darin knusprig rösten und erkalten lassen.

3. Quark und Joghurt verrühren, mit Zitronensaft und Süßstoff abschmecken und auf die Kirschen geben. Mit Brot-Mandel-Mischung bestreut servieren.

Zubereitungszeit: ca. 10 Minuten
Garzeit: ca. 5 Minuten
Kühlzeit: ca. 30 Minuten

Pro Person: 4 Points

FESTLICHER OBSTSALAT

1. Kiwi, Kaki und Mango in mundgerechte Stücke schneiden. Trauben halbieren und Orange filetieren.

2. Zitronensaft mit Süßstoff abschmecken und mit dem Obst vermischen. Gehackte Mandeln mit Joghurt und Honig verrühren und mit Zimt und Süßstoff abschmecken. Obstsalat in Dessertschüsseln füllen, mit einem Klecks Mandeljoghurt und mit Kapstachelbeeren bestreut servieren.

Zubereitungszeit: ca. 5 Minuten

Für 4 Personen:

4 Kiwi
3 Kaki
1 kleine Mango (200 g)
100 g kernlose blaue Weintrauben
1 Orange
2 EL Zitronensaft
einige Tropfen flüssiger Süßstoff
3 TL gehackte Mandeln
250 g fettarmer Joghurt
1 TL Honig
Zimt
2 Handvoll Kapstachelbeeren

Pro Person: 3 Points

ERDBEER-SORBET

Für 4 Personen:

**3 Limetten
(ersatzweise Zitronen)
120 g brauner Zucker
2 Blatt weiße Gelatine
500 g Erdbeeren
(ersatzweise TK)**

1. Für den Zuckersirup Limetten auspressen und den Saft mit Zucker und 50 ml Wasser in einem Topf unter Rühren erhitzen, bis sich der Zucker gelöst hat, und etwas abkühlen lassen. Gelatine in reichlich kaltem Wasser ca. 10 Minuten einweichen, ausdrücken und in der Zuckerlösung auflösen.

2. Erdbeeren pürieren und das Püree mit dem Zuckersirup verrühren. Masse in eine Schale füllen und ca. 5 Stunden gefrieren lassen, dabei mehrmals mit dem Pürierstab durchrühren. Das Sorbet in einen Spritzbeutel mit Sterntülle füllen, in gekühlte Gläser spritzen und sofort servieren.

**Zubereitungszeit: ca. 10 Minuten
Garzeit: ca. 5 Minuten
Gefrierzeit: ca. 5 Stunden**

Pro Person: 2 Points

HIRSE-SOUFFLÉ MIT ROTER GRÜTZE

Für 2 Personen:

4 EL Hirse, trocken
100 ml Wasser
Mark einer Vanilleschote
1 Ei
3 EL Magerquark
einige Tropfen flüssiger Süßstoff
abgeriebene Schale einer halben Zitrone
1 TL Margarine
1 Prise Salz
2 TL gehackte Mandeln
8 EL Rote Grütze, kalorienreduziert (Fertigprodukt)
2 EL Sprühsahne, kalorienreduziert

1. Hirse mit Wasser und Vanillemark aufkochen und zugedeckt ca. 20 Minuten ausquellen lassen. Hirse auf Zimmertemperatur abkühlen lassen.

2. Ei trennen, Eigelb mit Quark, Süßstoff, Zitronenschale und Margarine schaumig rühren. Hirse untermengen. Eiklar mit Salz steif schlagen und unter die Hirsemasse heben. Alles in eine mit Back-Folie ausgekleidete Soufflé-Form füllen und in eine mit Wasser gefüllte Fettpfanne oder Auflaufform setzen. Hirse-Soufflé im vorgeheizten Backofen bei 175 Grad (Gas: Stufe 2) ca. 20 Minuten garen.

3. Soufflé sofort aus der Form lösen und warm mit Mandeln, Roter Grütze und Sahne servieren.

Zubereitungszeit: ca. 15 Minuten
Garzeit: ca. 40 Minuten

Pro Person: 6 Points

CREMA DI CAFFÉ

Für 4 Personen:

9 Löffelbiskuits
8 EL starker gebrühter Kaffee
8 EL Apfelmus, ohne Zucker
300 g Magerquark
4 EL Mineralwasser
einige Tropfen Vanillearoma
einige Tropfen flüssiger Süßstoff
1 TL Kakaopulver, entölt, ohne Zucker

1. Eine flache Form mit Löffelbiskuits auslegen, mit Kaffee beträufeln und Apfelmus darüber streichen.

2. Quark mit Mineralwasser und Vanillearoma glatt rühren und mit Süßstoff abschmecken. Die Creme als oberste Schicht in die Form geben und glatt streichen. Im Kühlschrank ca. 1 Stunde durchziehen lassen und mit Kakaopulver bestäubt servieren.

Zubereitungszeit: ca. 5 Minuten
Kühlzeit: ca. 1 Stunde

Pro Person: 2 Points

ORANGEN-CRÊPES

Für 4 Personen:

4 Eier
70 g Mehl
200 ml Mineralwasser
einige Tropfen flüssiger Süßstoff
Salz
210 g Hüttenkäse
4 Orangen
1 EL Puderzucker

1. Eier, Mehl und Mineralwasser verrühren und mit Süßstoff und Salz würzen. Aus diesem Teig in einer beschichteten Pfanne vier dünne Crêpes ausbacken.

2. Hüttenkäse mit Süßstoff abschmecken und die Crêpes dünn damit bestreichen. Orangen schälen, in dünne Scheiben schneiden, auf die eine Seite der Crêpes legen, zusammenklappen, in eine Auflaufform geben und im vorgeheizten Backofen bei 175 Grad (Gas: Stufe 2) ca. 15 Minuten backen. Vor dem Servieren mit Puderzucker bestäuben.

Zubereitungszeit: ca. 15 Minuten
Garzeit: ca. 30 Minuten

Pro Person: 4 Points

GEBACKENE ANANAS

Für 4 Personen:

250 ml fettarme Milch
4 EL Weizengrieß
225 g Magerquark
4 EL Mineralwasser
einige Tropfen Vanillearoma
einige Tropfen flüssiger Süßstoff
1 Ei
3 TL gehackte Mandeln
4 Scheiben Ananas (Konserve ohne Zucker)

1. Milch aufkochen, Grieß einrühren, ca. 15 Minuten ausquellen und etwas abkühlen lassen.

2. Quark mit Mineralwasser verrühren und mit Vanillearoma und Süßstoff abschmecken.

3. Grieß mit Ei, 2 Teelöffeln Mandeln und Süßstoff verrühren. Ananasscheiben abtropfen lassen und in der Grießmasse wenden. Brat-Folie in einer Pfanne erhitzen und Ananasscheiben darauf von beiden Seiten goldbraun backen.

4. Grieß-Ananas mit Vanillequark auf Tellern anrichten und mit restlichen Mandeln bestreut servieren.

Zubereitungszeit: ca. 10 Minuten
Garzeit: ca. 25 Minuten

Pro Person: 3 Points

ROTE BIRNEN MIT VANILLECREME

Für 4 Personen:

200 ml Kirschsaft, ohne Zucker
1 kleine Stange Zimt
2 Nelken
4 Birnen
3 EL Magerquark
500 g fettarmer Joghurt
Mark einer halben Vanilleschote
einige Tropfen flüssiger Süßstoff
2 TL gehackte Pistazien

1. Kirschsaft mit Zimt und Nelken aufkochen. Birnen schälen, halbieren und Kerngehäuse entfernen. Birnen sofort in den kochenden Kirschsaft geben und ca. 3 Minuten garen. Birnen im Saft auskühlen lassen.

2. Quark und Joghurt glatt rühren und mit Vanillemark und Süßstoff abschmecken. Vanillejoghurt als Spiegel auf große Teller gießen, Birnen darauf anrichten und mit Pistazien bestreut servieren.

Zubereitungszeit: ca. 10 Minuten
Garzeit: ca. 10 Minuten
Kühlzeit: ca. 30 Minuten

Pro Person: 2 Points

JOGHURT-MOUSSE MIT RHABARBER

Für 4 Personen:

4 Blatt weiße Gelatine
2 EL Frischkäse
(30 % Fett i. Tr.)
500 g fettarmer Joghurt
Saft einer halben Zitrone
einige Tropfen
flüssiger Süßstoff
1 kg Rhabarber
400 ml Apfelsaft,
ohne Zucker
2 EL Vanillepuddingpulver

1. Gelatine nach Packungsanweisung in kaltem Wasser einweichen. Frischkäse und Joghurt verrühren, mit Zitronensaft und Süßstoff abschmecken. Gelatine schmelzen und mit der Joghurtmasse vermengen. Joghurt-Mousse in 4 Formen füllen und im Kühlschrank ca. 3 Stunden erkalten lassen.

2. Rhabarber in Stücke schneiden und mit Apfelsaft ca. 3 Minuten garen. Puddingpulver in 50 ml Wasser anrühren, zum Rhabarber geben und nochmals aufkochen. Rhabarber abkühlen lassen und mit Süßstoff abschmecken.

3. Joghurt-Mousse auf Dessert-Teller stürzen und Rhabarber rundherum anrichten.

Zubereitungszeit: ca. 15 Minuten
Garzeit: ca. 10 Minuten
Kühlzeit: ca. 3 Stunden

Pro Person: 2 Points

OBSTSALAT »FITNESS«

1. Apfel in Spalten schneiden und mit 1 Esslöffel Zitronensaft beträufeln. Grapefruit filetieren und dabei Saft auffangen. Melonenkugeln ausstechen und Weintrauben halbieren.

2. Das Obst auf einem Teller anrichten. Grapefruitsaft und restlichen Zitronensaft verrühren, mit Süßstoff abschmecken und über das Obst geben.

Zubereitungszeit: ca. 10 Minuten

Für 1 Person:

1 Apfel
2 EL Zitronensaft
1 Grapefruit
½ Netzmelone
50 g blaue Weintrauben
1 EL Grapefruitsaft
einige Tropfen
flüssiger Süßstoff

Pro Person: 0,5 Points

EDLE TEETALER

Für 25 Stück:

280 g Mehl
½ TL Backpulver
75 g Zucker
1 EL Vanillezucker
1 Ei
125 g Halbfettmargarine
60 g Aprikosen-Konfitüre, kalorienreduziert
60 g Kirsch-Konfitüre, kalorienreduziert
1 EL Puderzucker

1. Mehl auf eine Arbeitsfläche sieben, in die Mitte eine Vertiefung drücken. Backpulver, Zucker, Vanillezucker und Ei hineingeben. Margarineflocken an den Rand setzen und zu einem glatten Teig verkneten. Teig zu einer Kugel formen, in Klarsichtfolie wickeln und ca. 30 Minuten kalt stellen.

2. Teig dünn ausrollen und Plätzchen in drei verschiedenen Größen ausstechen. Plätzchen auf ein mit Back-Folie ausgelegtes Backblech setzen und im vorgeheizten Backofen bei 175 Grad (Gas: Stufe 2) ca. 15 Minuten backen.

3. Kleine und mittelgroße Plätzchen auf der Unterseite mit Konfitüre bestreichen und terrassenförmig auf die großen setzen. Die Plätzchen mit Puderzucker bestäubt servieren.

Zubereitungszeit: ca. 25 Minuten
Ruhezeit: ca. 30 Minuten
Backzeit: ca. 15 Minuten

Pro Stück: 1,5 Points

JOGHURT-GEBÄCK

Für 50 Stück:

170 g Halbfettmargarine
175 g Zucker
1 TL flüssiger Süßstoff
2 Eier
2 TL Limettensaft
(ersatzweise Zitronensaft)
75 g Magermilch-Joghurt
320 g Mehl
3 EL Stärkemehl
1 TL Backpulver

1. Margarine, Zucker, Süßstoff und Eier schaumig rühren, Limettensaft und Joghurt unterrühren. Mehl, Stärke und Backpulver mischen und unterrühren.

2. Mit 2 Teelöffeln kleine Portionen auf ein mit Back-Folie ausgelegtes Backblech legen, glatt streichen und im vorgeheizten Backofen bei 175 Grad (Gas: Stufe 2) ca. 10 Minuten backen.

Zubereitungszeit: ca. 15 Minuten
Backzeit: ca. 10 Minuten

Pro Stück: 1 Point

SCHWARZ-WEISS-GEBÄCK

1. Mehl und Backpulver mischen. Mit Margarine, Zucker, Vanillezucker, Salz, Rum-Aroma und Ei zu einem Teig verkneten und in Klarsichtfolie gewickelt ca. 30 Minuten kalt stellen.

2. Kakao mit braunem Zucker vermischen und unter die Hälfte des Teiges kneten. Dunklen Teig zu einer Rolle formen, den hellen Teig ausrollen und um die dunkle Teigrolle legen.

3. Teig in gleichmäßige Scheiben schneiden, Plätzchen auf ein mit Back-Folie ausgelegtes Backblech legen und im vorgeheizten Backofen bei 200 Grad (Gas: Stufe 3) ca. 10 Minuten backen.

Für 36 Stück:

260 g Mehl
½ TL Backpulver
110 g Halbfettmargarine
120 g Zucker
1 TL Vanillezucker
1 Prise Salz
einige Tropfen Rum-Aroma
1 Ei
1 EL Kakaopulver, entölt, ohne Zucker
1 EL brauner Zucker

Zubereitungszeit: ca. 15 Minuten
Ruhezeit: ca. 30 Minuten
Backzeit: ca. 10 Minuten

Pro Stück: 1 Point

KNUSPRIGE INGWERTÜTEN

Für 36 Stück:

125 g Marzipan-Rohmasse
90 g Puderzucker
1 Eiweiß
40 g Mehl
65 ml fettarme Milch
2 EL Sahne (30 % Fett)
Mark einer Vanilleschote
½ TL Ingwer, gemahlen
50 g Kuvertüre, halbbitter

1. Marzipan-Rohmasse mit Puderzucker, Eiweiß, Mehl und Milch in eine Schüssel geben und mit einem Pürierstab pürieren. Sahne, Vanillemark und Ingwer unter die Marzipanmasse rühren und 2 Stunden ruhen lassen.

2. Eine Schablone von ca. 8 cm Durchmesser ausschneiden. Ein Backblech mit Back-Folie auslegen und mit Hilfe der Schablone den Marzipan-Teig dünn auf das Backblech streichen. Im vorgeheizten Backofen bei 200 Grad (Gas: Stufe 3) ca. 5 Minuten backen.

3. Die Kreise noch warm zu Tüten zusammendrehen und auf einem Kuchengitter auskühlen lassen. Kuvertüre im Wasserbad oder in der Mikrowelle schmelzen, die Ränder der Ingwertüten hineintauchen und auf einem Kuchengitter trocknen lassen.

Zubereitungszeit: ca. 25 Minuten
Ruhezeit: ca. 2 Stunden
Backzeit: ca. 5 Minuten

Pro Stück: 1 Point

HIMBEER-SCHNECKEN

Für 15 Stück:

100 g Halbfettmargarine
4 EL Streusüße
1 Ei
abgeriebene Schale einer Limette (ersatzweise einer unbehandelten Zitrone)
240 g Mehl
1 TL Backpulver
120 g Himbeer-Gelee, kalorienreduziert

1. Margarine mit Streusüße schaumig schlagen, Ei und Limettenschale unterrühren. Mehl und Backpulver sieben, dazugeben und alles zu einem geschmeidigen Teig verarbeiten. Ein Drittel des Teiges abnehmen und mit 3 Esslöffeln Wasser glatt rühren. Restlichen Teig zu einer Kugel formen, in Klarsichtfolie wickeln und ca. 1 Stunde kalt stellen.

2. Gekühlten Teig dünn ausrollen, 15 Kreise von ca. 4 cm Durchmesser ausstechen und auf ein mit Back-Folie ausgelegtes Backblech setzen. Restlichen Teig in einen Spritzbeutel geben und schneckenförmig auf die Plätzchen spritzen.

3. Im vorgeheizten Backofen bei 200 Grad (Gas: Stufe 3) ca. 25 Minuten backen und auskühlen lassen. Himbeer-Gelee unter Rühren kurz erhitzen, in einen Gefrierbeutel füllen, eine kleine Ecke abschneiden und Gelee zwischen die Spiralen spritzen.

Zubereitungszeit: ca. 25 Minuten
Ruhezeit: ca. 1 Stunde
Backzeit: ca. 25 Minuten

Pro Stück: 2 Points

KLEINE ESPRESSO-KUCHEN

Für 8 Stück:

115 g Halbfettmargarine
2 EL Zucker
einige Tropfen flüssiger Süßstoff
einige Tropfen Vanillearoma
1 Schnapsglas Kaffeelikör (20 ml)
2 TL Espresso-Instantpulver
2 Eier
110 g Mehl
50 g Stärkemehl
1 TL Backpulver
3 EL Puderzucker
3 EL Orangensaft, ohne Zucker
8 Mokkabohnen

Pro Stück: 4 Points

1. Margarine mit Zucker, Süßstoff, Vanillearoma, Kaffeelikör und Espresso-Pulver schaumig rühren und Eier untermischen. Mehl, Stärke und Backpulver mischen, sieben und zufügen.

2. Den Teig in 8 große Papier-Muffinformen verteilen, im vorgeheizten Backofen bei 200 Grad (Gas: Stufe 3) ca. 20 Minuten backen und abkühlen lassen.

3. Puderzucker mit Orangensaft verrühren, in einen kleinen Gefrierbeutel geben, eine Ecke abschneiden, die Kuchen dekorativ damit verzieren und auf jeden Kuchen eine Mokkabohne setzen.

Zubereitungszeit: ca. 15 Minuten
Backzeit: ca. 20 Minuten

Tipp

Anstelle des Kaffeelikörs können Sie auch einige Tropfen Rum-Aroma mit in den Teig geben.

BUNTE MUFFINS

1. Eier, Zucker und Margarine schaumig rühren. Mehl und Backpulver vermischen, zufügen und zu einem glatten Teig verrühren. Milch nach und nach unterrühren.

2. Teig halbieren. Eine Hälfte mit Kakaopulver verrühren und Blaubeeren vorsichtig unterheben. Andere Hälfte mit Zimt und Orangenschale verrühren.

3. Jeweils 1 Esslöffel Teig in Muffin-Papierformen füllen und im Backofen bei 200 Grad (Gas: Stufe 3) ca. 20 Minuten backen.

Zubereitungszeit: ca. 15 Minuten
Backzeit: ca. 20 Minuten

Für 12 Stück:

3 Eier
6 EL Zucker
100 g Halbfettmargarine
240 g Mehl
1 Packung Backpulver
125 ml fettarme Milch
1 EL Kakaopulver, entölt, ohne Zucker
4 EL Blaubeeren
2 TL Zimt
4 TL abgeriebene Orangenschale

Pro Stück: 3 Points

Muffins: kleine Kuchen für Groß und Klein

Die Tradition, zur Teezeit kleines Gebäck zu verzehren, stammt ursprünglich aus England. Besonderer Beliebtheit erfreuten sich kleine Hefekuchen, die zur Tea-Time verzehrt wurden. Mit den englischen Einwanderern kamen auch die kleinen Hefekuchen nach Amerika. Hier entwickelten sich daraus die amerikanischen Muffins aus Rührteig. Zur Herstellung werden eine Backform mit 12 Vertiefungen oder Papier-Muffinformen verwendet.
In den letzten Jahren sind die beliebten kleinen Kuchen auch bei uns bekannt geworden. Es gibt unzählige Zubereitungsmöglichkeiten für die kleinen Köstlichkeiten. Für die Kinderparty können Sie Muffins bunt mit Zuckerguss und Gummibären verzieren. Muffins können Sie problemlos auf Vorrat backen, denn sie lassen sich gut einfrieren, einfach nach dem Auftauen kurz aufbacken: fertig!

APFEL-QUITTEN-MUFFINS

Für 12 Stück:

2 Äpfel (z. B. Boskoop)
2 EL Zitronensaft
1 Ei
4 EL brauner Zucker
1 TL Vanillezucker
125 g Halbfettmargarine
6 TL Quitten-Gelee, kalorienreduziert
125 ml fettarme Milch
120 g Weizenvollkornmehl
120 g Mehl
2 TL Backpulver
1/2 TL Natron
4 TL gemahlene Haselnüsse

1. Äpfel in feine Würfel schneiden und mit Zitronensaft beträufeln. Ei, Zucker, Vanillezucker, Margarine, Quitten-Gelee und Milch schaumig rühren. Vollkornmehl, Mehl, Backpulver, Natron sowie Haselnüsse vermischen, nach und nach dazugeben und Apfelwürfel unterziehen.

2. Teig in 12 Papier-Muffinformen füllen und im vorgeheizten Backofen bei 175 Grad (Gas: Stufe 2) ca. 25 Minuten backen.

Zubereitungszeit: ca. 15 Minuten
Backzeit: ca. 25 Minuten

Pro Stück: 3 Points

MANDEL-WAFFELN

Für 8 Stück:

185 g Halbfettmargarine
2 EL Streusüße
½ TL flüssiger Süßstoff
1 TL Vanillezucker
1 Prise Salz
2 Eier
100 g Mehl
100 g Stärkemehl
1/2 TL Backpulver
4 TL gemahlene Mandeln
3 EL fettarme Milch
1 EL Puderzucker

1. Margarine, Streusüße, Süßstoff, Vanillezucker und Salz schaumig rühren. Eier trennen und Eigelb zugeben. Mehl, Stärke, Backpulver und Mandeln vermischen und mit der Milch nach und nach unter die Ei-Masse rühren. Eiweiß steif schlagen und vorsichtig unterheben.

2. Beschichtetes Waffeleisen erhitzen, Teig einfüllen und nacheinander 8 Waffeln abbacken. Waffeln mit Puderzucker bestäuben.

Zubereitungszeit: ca. 15 Minuten
Backzeit: ca. 30 Minuten

Pro Stück: 5 Points

Tipp

Zu den Waffeln schmeckt ein frisches Pfirsich- oder Kirschkompott.

BUTTERMILCH-ORANGEN-KUCHEN

1. Margarine schaumig schlagen, nach und nach Zucker, Süßstoff und Vanillezucker unterrühren und die Eier zufügen.

2. Mehl mit Backpulver vermischen. Die Buttermilch mit 2 Esslöffeln Orangensaft und Orangenschale verrühren. Abwechselnd Mehl und Buttermilch-Mischung unter die Ei-Masse rühren, dabei mit Mehl beginnen. Orangeat sehr fein hacken und zum Schluss unterheben.

3. Kastenform (Länge 26 cm) mit Back-Folie auslegen, Teig in die Form füllen und im vorgeheizten Backofen bei 200 Grad (Gas: Stufe 3) ca. 70 Minuten backen, in der Form gut auskühlen lassen und stürzen. Puderzucker mit restlichem Orangensaft glatt rühren und den Kuchen damit überziehen.

Für 20 Stücke:

130 g Halbfettmargarine
165 g Zucker
einige Tropfen flüssiger Süßstoff
1 TL Vanillezucker
4 Eier
280 g Mehl
1 TL Backpulver
80 ml Buttermilch
100 ml Orangensaft, ohne Zucker
abgeriebene Schale einer unbehandelten Orange
1 Packung Orangeat (100 g)
120 g Puderzucker

Zubereitungszeit: ca. 30 Minuten
Backzeit: ca. 70 Minuten

Pro Stück: 3 Points

FEINER WALNUSSKUCHEN

Für 20 Stücke:

250 g Halbfettmargarine
3 Eier
180 g Honig
einige Tropfen Vanille-Aroma
200 g Mehl
2 TL Backpulver
100 g gemahlene Walnüsse

1. Margarine schaumig schlagen, nach und nach Eier, Honig und Vanille-Aroma unterrühren. Mehl mit Backpulver mischen, sieben, mit den gemahlenen Walnüssen mischen und unter die Margarine-Honig-Masse rühren.

2. Teig in eine mit Back-Folie ausgelegte Kastenform (Länge 26 cm) füllen und im vorgeheizten Backofen bei 175 Grad (Gas: Stufe 2) ca. 75 Minuten backen, auskühlen lassen und aus der Form stürzen.

Zubereitungszeit: ca. 20 Minuten
Backzeit: ca. 75 Minuten

Pro Stück: 3,5 Points

Tipp

Dekorieren Sie Ihren Kuchen mit weißer Kuvertüre und gehackten Pistazien. Berechnen Sie insgesamt für 50 g Kuvertüre und 3 Teelöffel Pistazien pro Stück 0,5 Points zusätzlich.

APFELKUCHEN MIT ZIMTSTREUSELN

Für 8 Stücke:

FÜR DEN TEIG:
100 g Halbfettmargarine
160 g Mehl
2 TL gemahlene Mandeln
60 g Zucker
1 TL Vanillezucker
1 Prise Salz
1 Eigelb

FÜR DIE FÜLLUNG:
500 g säuerliche Äpfel
4 EL Rosinen
1 EL Vanillezucker
1 Prise Zimt
1 TL Mandelblätter

FÜR DIE STREUSEL:
80 g Mehl
40 g Halbfettmargarine
60 g Zucker
1 TL Zimt

Pro Stück: 5 Points

1. Für den Teig Margarine, Mehl, Mandeln, Zucker, Vanillezucker, Salz und Eigelb rasch zu einem geschmeidigen Teig verkneten und in Klarsichtfolie gewickelt ca. 30 Minuten kalt stellen.

2. Eine Springform (Ø 22 cm) mit Back-Folie auslegen. Mürbeteig ausrollen und Boden und Rand der Springform mit Teig auslegen.

3. Für die Füllung Äpfel würfeln, mit Rosinen, Vanillezucker, Zimt und Mandelblättern mischen und auf dem Boden verteilen. Für die Streusel Mehl, Margarine, Zucker und Zimt verkneten und auf die Füllung bröseln. Apfelkuchen im vorgeheizten Backofen bei 175 Grad (Gas: Stufe 2) ca. 40 Minuten backen.

Zubereitungszeit: ca. 25 Minuten
Ruhezeit: ca. 30 Minuten
Backzeit: ca. 40 Minuten

Tipp

Zum Backen eignen sich die säuerlichen Boskoop-Äpfel am besten, da sie beim Backen ein intensives Aroma entfalten.

KOKOS-LIMETTEN-KUCHEN

Für 20 Stücke:

200 g Halbfettmargarine
abgeriebene Schale einer unbehandelten Limette
120 g Zucker
4 Eier
120 g Stärkemehl
300 g Mehl
1 Päckchen Backpulver
einige Tropfen Rum-Aroma
2 Limetten
65 g Kokosnussraspeln

1. Eine Gugelhupfform (Ø 24 cm) mit 1 Teelöffel Margarine einfetten. Restliche Margarine mit Limettenschale, Zucker und Eiern schaumig schlagen. Stärke, Mehl und Backpulver vermischen, darüber sieben und mit Rum-Aroma unterrühren. Limetten auspressen und den Saft mit den Kokosnussraspeln unter den Teig mischen.

2. Teig in die Gugelhupfform geben und im vorgeheizten Backofen bei 175 Grad (Gas: Stufe 2) ca. 70 Minuten backen. Kuchen etwas auskühlen lassen, aus der Form stürzen und servieren.

Zubereitungszeit: ca. 20 Minuten
Backzeit: ca. 70 Minuten

Pro Stück: 3,5 Points

KERNIGER BIRNEN-KUCHEN

Für 20 Stücke:

2 Birnen
100 ml Zitronensaft
1 kleine Stange Zimt
140 g Halbfettmargarine
165 g Zucker
einige Tropfen flüssiger Süßstoff
1 TL Vanillezucker
4 Eier
300 g Mehl
2 TL Backpulver
40 g Haferflocken

1. Birnen würfeln, mit Zitronensaft und Zimtstange aufkochen und abkühlen lassen.

2. Margarine mit Zucker, Süßstoff und Vanillezucker schaumig rühren, nach und nach Eier unterrühren. Mehl mit Backpulver mischen und mit den Haferflocken unter die Ei-Masse rühren.

3. Zimtstange aus dem Birnensud herausnehmen, Birnen mit Saft unter den Teig heben. Teig in eine mit Back-Folie ausgelegte Kastenform (Länge 26 cm) füllen und im vorgeheizten Backofen bei 175 Grad (Gas: Stufe 2) ca. 70 Minuten backen.

Zubereitungszeit: ca. 20 Minuten
Backzeit: ca. 70 Minuten

Pro Stück: 2,5 Points

LEBKUCHEN-KAFFEE-TORTE

1. Lebkuchen zerbröseln. Margarine mit Lebkuchen und Schokolade verkneten und in eine mit Back-Folie ausgelegte Springform (Ø 26 cm) drücken.

2. Frischkäse mit Joghurt und Kaffeepulver verrühren und mit Süßstoff abschmecken. Tortenguss, Zucker und Wasser erhitzen und unter die Kaffee-Creme ziehen.

3. Kaffee-Creme auf dem Boden verteilen, glatt streichen und ca. 3 Stunden kalt stellen. Torte mit Kakaopulver bestäubt servieren.

Zubereitungszeit: ca. 25 Minuten
Kühlzeit: ca. 3 Stunden

Für 12 Stücke:

160 g Lebkuchen
90 g Halbfettmargarine
50 g Raspelschokolade (40 %)
450 g Frischkäse (30 % Fett i. Tr.)
150 g fettarmer Joghurt
2 TL Instant Kaffeepulver
einige Tropfen flüssiger Süßstoff
1 Packung roter Tortenguss, ohne Zucker
3 EL Zucker
250 ml Wasser
1 TL Kakaopulver, entölt, ohne Zucker

Pro Stück: 4 Points

ANANAS-REIS-TORTE

Für 12 Stücke:

150 g Löffelbiskuits
130 g Halbfettmargarine
200 g Ananasstücke (Konserve ohne Zucker)
500 g fettarmer Joghurt
2 EL Zucker
einige Tropfen flüssiger Süßstoff
310 g Milchreis, verzehrfertig
2 EL Vanillezucker
2 TL Zitronensaft
6 Blatt weiße Gelatine

1. Löffelbiskuits zerbröseln. Margarine zerlassen, mit den Bröseln vermischen und in eine mit Back-Folie ausgelegte Springform (Ø 26 cm) drücken.

2. Ananasstücke mit Joghurt, Zucker, Süßstoff, Milchreis, Vanillezucker und Zitronensaft vermengen. Gelatine in reichlich kaltem Wasser ca. 10 Minuten einweichen, ausdrücken, unter Erwärmen auflösen, unter die Joghurt-Milchreismasse ziehen und ca. 30 Minuten kühl stellen, bis die Masse zu gelieren beginnt. Füllung auf dem Boden verteilen, glatt streichen und ca. 3 Stunden kalt stellen.

Zubereitungszeit: ca. 25 Minuten
Kühlzeit: ca. 3 Stunden, 30 Minuten

Pro Stück: 3 Points

REZEPT-REGISTER

REZEPTREGISTER

D

E

F

G

H

I

J

K

L

M

N

O

P

Q

R

S